あじさい都市のススメ

非営利組織と自治体職員のための
超人口減少時代を克服する都市戦略

一般社団法人
都市創生研究所
代表理事
髙橋敏彦

文芸社

目次

はじめに

北上市が不交付団体に⁉

2023年3月の岩手県北上市議会通常会議において、市の来年度予算案が可決されました。歳入では基準財政収入額が基準財政需要額を上回り、国からの普通交付税がゼロとなる予算案、いわゆる普通交付税不交付団体になる可能性を示す予算になったのです。残念ながら、その後、国の基準財政収入額の算定基準が一部変更になり、今年度の不交付団体入りはないようです。もし仮にそうなれば、岩手県では平成以降初めてとなり、昭和の時代に製鉄で栄えた釜石市に次ぐものとなります。近年のキオクシア岩手とその関連企業の立地から、近い将来はという予測はあったものの、まさかこんなに早く、とは思いもよらないことで、一瞬、驚きと同時に嬉しさが込み上げてきたことを覚えています。行政を預かる者にとって、このことはこの上ない名誉であり、市民や企業、市職員など、多くの関係者のこれまでの努力が実を結んだものと心から敬意を表し、ともに喜びたいと思っています。もちろん、北上市が一朝一夕でこのような自治体になった訳ではなく、先人の努力と決断があったことはもちろんですが、その時々の社会環境に合わせて適切に対応し、行政として進化し続けてきたからだと私は考えています。そのことを含めて、近年の市政を改めて検証しながら、私たちがこれまで取り組んできたまちづくりの一端をご紹介し、本書を手に取られた皆様のまちづくりの一助にしていただけたなら幸いです。

あじさい都市ってなに？

さて、本書のタイトル「あじさい都市のススメ」について少し述べておきたいと思います。超人口減少時代を迎えた今、全国各自治体は乾いた雑巾を絞るように人口減少対策の努力を積み重ねていることと思います。しかしながら、目に見える成果をあげている自治体を私は知りません。あじさい都市は超人口減少時代を生き残る都市の「かたち」いわゆる「持続可能性都市」として北上市が実験的に進めている都市政策です。全国全ての自治体が、それぞれ今持っている地域資源を生かすことで、「持続可能性都市」に生まれ変わることができたならどんなに素晴らしいことでしょうか。本書には私たちがあじさい都市構想を考え出すまでの経緯と市長としてそれをどのように推し進めてきたのかをできるだけ詳しく記したつもりです。私はこれまで関わったまちづくり活動の中で、「まち」は子や孫からの預かりものだと学んできました。今より少しでも良くして返したい、と心から願うものであります。

２０２０年から始まった新型コロナウイルス感染症は、現在5類感染症になったとはいえ、まだまだ世界中で燻り続けています。その影響もあって、２０２３年2月に公表された国の出生者数は年80万人を割り込み、全国に少なからず衝撃を与えました。このままでは日本全体が、特に地方は加速度的に人口減少が進むことでしょう。国も異次元の少子化対策と称して、新たにこども家庭庁を創設し、子育て分野に財源を振り向け始めました。私たち地方自治体は、財源が厳しい中、すでに様々な工夫で少子化対策に取り組んでいます。それでもなお減少するわがまちの人口が、日々公表される度に、焦燥感を感じる職員は少なくないと思います。また、行政と共に懸命にまちおこしに取り組んでいる非営利団体も少なからずあるものと思います。

私がこれから述べるあじさい都市構想は、人口減少に悩む自治体にとって、あるいは非営利団体にとっての特効薬だとは申しませんが、少なくとも政策づくりのヒントにはなるものと考えています。本書はテーマ毎に8章に分けて整理しましたので、興味のある分野からお読みになってもある程度ご理解いただけるものと思います。是非、最後までお読みいただければ幸いです。

第一章　時代の潮流

1・1　景観十年・風景百年・風土千年

私は東日本大震災直後の２０１１年4月に市長に就任し、２０２３年4月まで、３期12年間、北上市長を務めさせていただきました。市長就任前は小さな建築設計事務所の社長を務めながら、建築家協会、建築士会、青年会議所、中間支援ＮＰＯ活動などでまちづくりに関わっていました。景観十年・風景百年・風土千年の考え方は、その活動の一つである景観まちづくり活動の中で学んだものですが、景観以外のまちづくりにおいても大事な考え方だと思いますので記しておきたいと思います。

人々が、気になる周囲の眺めに手を加えて、いわゆる景観まちづくり活動を始め、結果が見える「景観」になるまでには十年の歳月が必要です。それが地域のアイデンティティになって、経済的な影響力をも持つ「風景」になるには百年かかります。さらに私たちが無意識に故郷を感じる「風土」になるためには千年かかる、という考え方です。私が住む岩手県北上市には、16地区の地域づくり組織のほか、各分野において市民活動を行っている市民活動団体が数多く存在します。それぞれの団体が、身近にあって大切に思っている

「もの」や「こと」、願望も含めてこうなったら良いのに、と思う「もの」や「こと」、これを私たちは地域資源、あるいはそれが視覚的要素であれば景観資源と呼んでいますが、その景観資源に手を加え、守り育てている事例をまずご紹介します。

北上川東岸の黒岩地区に〝お滝さん〟と呼ばれる小さな水車小屋のある空間があります。小さいながらも雰囲気のある「滝」と、かつてその水流を生かして脱穀や蕎麦粉などを作っていた水車があったという歴史を地域の人々が再現した施設です。現在、北上市では総合計画と並立する形で16地区の地域コミュニティによる地域計画が

景観十年

策定され、この計画に沿ってそれぞれの地域でまちづくり活動が進められています。この取り組みは、市全体としては2001年から始められたものですが、黒岩地区ではさらにその前から独自で地域計画を策定し、積極的にまちづくりに取り組んできました。この〝お滝さん〟の水車小屋復元事業もその一環で、地域住民の皆さんが自発的に計画し、実施したものです。今では隣接するまん中広場と合わせて交流イベントを開催したり、産直を運営したりと地域の拠点としての空間、言わば自分たちの「場所」に育てています。「景観まちづくり活動」は単にその「空間」を美しくするだけでなく、住民同士あるいは住民と訪れる人々をつなぐ「場所」を形成していると言えます。北上市ではそのような場所を景観資産として認定し、今では100ヶ所を超える景観資産が、訪れる人々を楽しませてくれています。なお、北上市の景観審議会の委員長であり、あじさい都市構想についても多方面からご指導をいただいていた弘前大学特任教授の北原啓司氏は、ご自身の著書の中で「まち育て」を「空間」から「場所」に変える行為と表現されています。

近年、北上市はインターハイや国体などの主会場地にもなり、その都度、花いっぱい運動などでおもてなしをしてきました。おかげで沿道には多くの花壇が地域の人々によって整備され、歩いても、また自転車で走っても気持ち良く通ることができる街並みになっていると思います。景観まちづくり活動の効果は、活動に関わった人々の地域への誇りを育てているのだと思います。その意味でも、効果が現れるまでに一定の歳月が必要であり、「景観十年」とは継続的な景観まちづくり活動に住民が関わり続けることの大切さを表しているものと思います。

２０２１年５月、北上展勝地が開園百周年を迎えました。現在展勝地レストハウス付近のＳＬ広場に、展勝地の生みの親である澤藤幸治氏の銅像が建っていますが、彼が中心となって、１９２１年（大正10年）、全長２㎞の桜並木や国見山までの間に数千本の桜を植樹し、一大景勝地を創り上げま

風景百年

した。今では弘前城や角館と併せてみちのく三大桜名所として、年間最大40万人の観光客が美しい桜や北上川、和賀川、奥羽の山々など、素晴らしい景色を楽しんでいます。多くの人々が関わって景観を創り、百年間守り育てることで今では北上市を代表する「風景」に育ち、併せて経済効果ももたらしてくれています。北上市といえば工業都市であり、企業誘致が活発な都市だと思われていると思いますが、企業誘致が始まったのが昭和初期ですので、もう少しで百年の歴史になろうとしています。「風景百年」とは景観よりさらに長いスパンでまちづくりを考えることによって地域経済への波及も含めて様々な恩恵を与えてくれることを教えてくれています。現在取り組もうとしているまちづくりが百年後、まちをどう変えていくのか、想像力を豊かにして取り組みたいものです。

北上市には1200年以上の歴史を持つ「鬼剣舞《おにけんばい》」という民俗芸能があります。これは、仏の化身である角のない鬼面を着けて勇壮に踊る民俗芸能で、2022年秋に、全国41の「風流踊《ふりゅうおどり》」の一つとしてユネスコの無形文化遺産に登録されました。また、北上川東岸一帯は多くの寺院跡などの歴史文化遺産が点在し、中でも展勝地東側に聳《そび》える国見山に展開する国見山廃寺は世界遺産平泉中尊寺よりもさらに歴史があり、五重塔や多宝塔等、重要建造物の礎石配置や寸法が中尊寺のそれと似通うなど、関連性が強く指摘されている山岳寺院跡が存在します。北上市を含めて岩手県央一帯の「風土」を形成していると言えるのです。千年というと気の遠くなるようなお話ですが、特に地球環境問題などを考えると真剣に向き合う必要があると思います。「風土千年」は、自分たちのまちを考えるときに、千年前の先人たちの夢に想いを馳せることで、地域に誇りを持ち、品格のあるまちづくりにつながるものと思います。

　私はこれまで、様々なまちづくり活動に関わってきましたが、この景観十年、風景百年、風土千年というまちづくりのスケール感は忘れないように心がけてきたつもりです。十年後、百年後、千年後、私たちの

子孫がどんな思いでこのまちを見てくれているのか、とても楽しみです。

1・2　東日本大震災の発生

２０１１年３月11日午後２時46分、突然、大きな揺れが東日本の太平洋沿岸部を襲いました。私は丁度その時、鉄骨造４階建てのビルの３階にいましたが、パソコンや書類が空中を飛び交うほどの強い揺れに出入り口付近で身動きできずにいたことを思い出します。当時、私はすでに北上市長選挙への立候補を表明し、後援会支部の結成や会員の拡大に奔走していた時期でした

が、活動を即時無期限で休止することにしました。市内は全域が停電、高層マンションに住んでいた人たちの多くは、エレベーターも止まり水もない状態で、近くの公民館に避難していました。情報源はラジオしかなく、「大船渡駅が水没してその姿を見ることができません」というラジオの放送が今でも耳に残っています。とんでもない大きさの津波が沿岸自治体を呑み込んだ事実を、その時は実感することができませんでした。その後、徐々に映像が見られるようになり、愕然としたことを思い出します。

沿岸自治体にはそれまで活動を共にしていた岩手県内のＮＰＯ仲間も多くいました。気が気ではありませんでしたが、数日後、スタンドを経営する友人からガソリンを少し分けてもらい、釜石市で自らも被災した仲間が子供たちの避難生活を支えていることを聞き、おもちゃや絵本などをかき集めて持って行きました。その友人は、目の前で奥様を津波にさらわれながらも、今は避難している子供たちのケアが大事と、懸命にサポートを続けていました。私はその時、内陸部の都市として、何よりも優先して沿岸被災地のサポートをしなければならないと強く感じました。当初のマニフェストは持続可能なまちづくりが中心の内容でしたが、沿岸被災地支援への思いの方が強くなり、大部分を占めるようになっていきました。市長就任直後に沿岸被災地復興支援プロジェクトチームを立ち上げたのもそういう思いからでした。さらにこの動きを、かつて共に活動したNPOの仲間たちやまちづくりのご指導をいただいた大学教授の皆さんがアシストしてくれました。今は感謝の気持ちでいっぱいです。

1・3　超人口減少時代

東日本大震災から13年が経ちました。沿岸被災地はこの間、懸命に復興事業に取り組み、ハード面ではほぼ完了したと言われています。しかしながら現実はどうでしょうか。建物は建ち始めたものの、人々が思ったほど帰って来ない、というのが大きな課題となっているようです。さらに追い打ちをかけているのが新型コロナウイルス感染症の流行でした。人口減少は加速度的に進み、復興事業に加えて「まち・ひと・しごと創生事業」にもしっかり取り組んだはずの各自治体でしたが、その多くは、目標を達成するどころか、人口減少を止めることはできませんでした。

人口減少がこのままの勢いで続くとどうなるのでしょうか。2014年に増田寛也前岩手県知事が公表した、消滅可能性自治体がいよいよ現実味を帯びてきました。国からの普通交付税は自治体の人口も大きく影響しますので、まず、財源不足問題が浮上してきます。さらには、公共交通、上下水道は主に利用料金によって賄われていますので、経営維持が困難になります。道路や橋などのインフラは、メンテナンス費用も確保できずに機能の維持が徐々に困難になります。小売店や診療所などの生活に必要な都市施設も維持できなくなります。地域コミュニティを支える人材もいなくなり、崩壊が進むでしょう。急激な人口減少は私たちが最も恐れる事態です。地方自治体はこのことにどう対処すれば良いのでしょうか。一自治体がどんなに頑張っても太刀打ちできそうもない大きな問題ですが、それでもなんとかしなければならないのが行政を預かるものの使命なのです。

２０２３年1月、危機感を持った全国の市長たちが集う、「都市の未来を語る市長の会」が開催され、少子化を防ぐための地方自治体のこれからの政策について意見交換をする機会がありました。その中で慶應義塾大学医学部の名誉教授、吉村泰典氏による講話が大変興味深いものでした。それは、すでに結婚した夫婦は二人以上の子供を儲けたいと願っているが、問題は適齢期にある若者の半数が結婚しないことにある、というものです。その理由は価値観の多様化や経済的困難によるものでした。そこから言えることは、婚姻のメリットを感じられる社会を創造すること、シングルマザーがリスペクトされること、既婚者に対しては特に多子世帯の経済的支援を行うことなどでした。各市長からは、給食費の無償化や医療費の無償化など、いくつかの独自支援策が示されましたが、その大部分は国の統一施策として実施する必要がある旨、見解が統一されました。同席した立谷全国市長会会長も、市長会が結束して国の子供施策が効果的なものになるよう働きかける必要があることを強く表明しました。

現在、北上市の人口動態は毎月概ね50人が誕生し、100人が死亡しています。このままだと年間600人減少することになりますが、企業集積によって400人から500人の社会増がありますので、結果として100人から200人の減少となります。もちろん、このままでいいはずはありませんので、いかにして合計特殊出生率を上げるのか、しっかり取り組む必要があります。後に述べるあじさい都市は人口減少下でも地域が元気であるように考えた都市構造ではありますが、急激な人口減少に対応できる政策ではありません。だから私たちは、超人口減少時代の政策として、出生率の向上と人口減少下でも活力が持続できる都市「あじさい都市」との二刀流のまちづくりが求められているのです。

1・4　諸佛摩頂之場《しょぶつまちょうのにわ》へ

北上市西部の山間に岩沢集落がありま す。そこには平泉に金を運んだ、秀衡街道の重要な起点だったと言われる史跡、多聞院伊澤家があります。前庭に、平泉中尊寺金色堂に伝わる藤原泰衡の首桶より発見された蓮の種から分けられた中尊寺蓮が咲く池があり、毎年中尊寺貫首《かんす》の青空法話の会が開かれています。東日本大震災後の夏にも開催され、私も当時の山田俊和《しゅんわ》貫首のお話を大変興味深く伺いました。平泉中尊寺は、当時の中央政権下の源氏と陸奥の俘囚だった安倍氏との戦いである、前九年の

諸佛摩頂之場を目指して

役と後三年の役を経て、安倍の血を受け継ぐ藤原清衡が建立した山岳寺院です。今では平泉世界遺産として多くの人々が訪れますが、平和で豊かなみちのくを創りたい、という藤原清衡の強い思いが中尊寺落慶供養願文に込められている、とのお話でした。沿岸被災地から避難していた人々も参加している中、心にしみる法話だったと記憶しています。

その後山田氏は、私に供養願文の一説である「諸佛摩頂之場」の揮毫をしてくださいました。これは、人々が力を合わせて復興を果たし、より豊かなまちを造ってほしいという、貫首の願いと藤原清衡の平和で豊かなみちのくへの想いを重ね合わせた、と後に伺いました。以来退任の日まで、市長室の壁に掛けて、心を込めたまちづくりを肝に銘じていました。背景は2023年3月で統合のために廃校になった、口内《くちない》小学校を舞台に活動したライフスタイルデザインプロジェクトの画像です。身近な道具や材料を活用して自分たちの秘密基地を造る活動でしたが、子供たちには生まれ育った地域を強く心に刻んだ活動だったと思います。ここで言う諸佛摩頂之場とは必ずしも立派な、とか華やかな、という意味ではないと私は思っています。人々が汗をかいて懸命に関わって創り上げた、自分たちの場所のことを言っているものと捉えています。

まちづくりも同じであろうと思います。多くの人々が関わってこそ思い入れのある「地域」が、そして地域への「誇り」が育つのだと私は思っています。

珈琲ブレイク 1（北上市広報　令和4年9月22日号掲載）

戸津説法《とづせっぽう》

当市は山田俊和中尊寺前貫首に大変お世話になっており、和賀地区岩沢で開催されている多聞院伊澤家の青空法話では、毎回講師を務めていただきました。展勝地開園百周年の際には4月と10月に咲く中尊寺桜を寄贈、記念植樹もしていただきました。7月中旬、山田氏から戸津説法会開催のご案内を頂きましたが、恥ずかしながら、私は戸津説法とは何かを知らず、インターネットで検索してみました。

戸津説法とは、琵琶湖西岸戸津の浜にある東南寺で行われる説法会だということです。東南寺は、比叡山を開いた伝教大師最澄上人《でんぎょうだいしさいちょうしょうにん》が建てたお寺であり、そこで法華経の説法を行ったのが戸津説法の始まりとのこと。これまで、弟子たちによって伝統が受け継がれてきたもので、天台宗にとって最も重要な行事であり、説法師に選ばれることが天台座主《ざす》への登竜門といわれているのだそうです。琵琶湖は少し遠いとは思いつつも、これまでのご恩にお応えするためにはぜひとも拝聴しなければと思い、参列させていただきました。

今年の戸津説法会は8月21日から5日間開催されましたが、私は2日目に参列。説法開始前に山田氏にあいさつし、このたびのお祝いと展勝地開園百周年の際の桜寄贈に改めてお礼を申し上げました。山田氏は遠方からの参列に感謝されるとともに、展勝地に自ら植えた桜のことなどを懐かしそうに話しておられました。

説法は、法華経について私たちにも分かるように解説するものでした。山田氏の法話は青空法話で何度も耳にしていましたので、本当に懐かしく拝聴させていただきました。コロナ禍やロシアによるウクライナ侵略もあり、その中での私たちの心の持ちようを江戸川区生まれの江戸っ子口調で軽快に説かれていました。山田氏にはこれからもお元気で、たまには当市にもおいでいただきながら、市民の皆さんにありがたいお話を賜れれば幸いです。市民の皆さんには、世界遺産平泉の中尊寺前貫首というだけではなく、当市を温かく見守ってくださる人がいるということをお伝えしたく、本稿を記した次第です。

第二章　北上モデル

２・１　北上市の概要

北上市は岩手県の中央部にあり、南北に流れる北上川と東西に流れる和賀川の合流点を中心に市街地が広がっています。２㎞の桜並木を有し、弘前城や角館とともにみちのく三大桜名所になっている展勝地があり、１２００年以上の歴史を持つ民俗芸能「鬼剣舞」などが知られています。近年はキオクシア岩手を始めとした企業誘致によって東北の中で最も元気な工業都市との評価をいただいております。

人口は２０２３年３月末現在、９１９１５人でここ数年、微減の状態が続いていま

人口	９１，９１５（▲２６６）	人
世帯数	４１，１０４（６９３）	世帯
面積	４３８	Ｋ㎡
地域づくり組織管轄	１６	地区
行政区	１２５	行政区

※（　）内は2022年同月比較

北上市の概要／2023年3月末人口

す。１９９１年４月には、生活圏を共有していた旧北上市、和賀町、江釣子《えづりこ》村が合併して生まれ、30年が経過した自治体です。国の方針で進んだ平成の大合併より10年以上も早く合併しており、合併直後、当時の市長には多くの自治体から講演依頼があったように聞いています。実はこの私にも、合併に関わった地域の青年会議所の理事長として、話を聞かせてほしいという依頼がありました。当時の北上市の合併は他の自治体からも大きな注目をいただいていた、ということだと思います。市の面積は４３８㎢で、旧町村を基本に16の地域コミュニティ（地域づくり組織）と１２５の行政区から成り立っています。

歴史が育んだ北上人気質

- 伊達と南部の境、奥州街道の宿場町
- 南部藩最大の河港、川岸
- 明治23年、東北線開通
- 大正13年、北上線開通
- 西和賀の鉱山、わが国屈指の馬市
- 昭和初期、「工場誘致構想」
- 昭和14年（1939年）県内第2番目の黒沢尻工業学校を誘致／黒沢尻町は年間歳出の2倍の建設経費を負担
- 昭和29年、企業誘致のため1町6カ村が 合併
「北上市」誕生　～　工業団地を整備、企業集積が加速

＜歴史がはぐくんだ地域資源＞
高いホスピタリティー・優秀なものづくり人材

歴史に見る北上像

市内やや南側を江戸時代の藩境、盛岡藩と仙台藩の境が東西に貫いており、南北に奥州街道と北上川舟運という大動脈がありました。西には平泉に金などを運んだとされる秀衡街道、東には同様に清衡古道とも言われるあづま海道があったことから、宿場町や川港として人々や物資の往来が活発な地域だったと言えます。

しかしながら、藩境ということはどちらの藩からも目が行き届かず、農業基盤などの経済面では貧しい状態であったと推察されます。それは、他の地域に比して百姓一揆などが頻発していたという歴史からもわかります。近代になっても続いたと思われる貧困から脱出するためには農業だけでなく、新たな産業を起こしていかなければならないと、当時の人々は痛切に思っていたのではないでしょうか。

昭和に入ると農家の次男、三男を養うためには企業誘致が必要だと、すでに考えていたようです。しかしながら、そう簡単に企業が来てくれるはずもありません。農家出身で教育を受けていない人間は使い物にならない、というのが主な理由だったようであります。当時このエリアの中心になっていたのは黒沢尻町でしたが、展勝地開園に奔走した澤藤幸治氏等の活躍で岩手県に盛岡工業学校ただ1校しかなかった工業学校を黒沢尻町に誘致することに成功しました。今の岩手県立黒沢尻工業高校です。1939年のことでした。当時、黒沢尻町は年間歳出のなんと2倍の建設費を負担したそうですが、そこに並々ならない町民の決意が感じられます。改めて、交通の結節点から生まれた高いホスピタリティーと人材育成への並々ならない熱意という、北上市が持つ歴史的な特徴をご理解いただけるのではないでしょうか。今の北上市の繁栄はこの二つの北上人気質で成り立っていると言っても過言ではないのかもしれません。

展勝地の開園と黒沢尻工業学校誘致に奔走した、澤藤幸治氏に少し触れておきたいと思います。氏は1881年に黒沢尻町に生まれ、1902年に東京法学院（現中央大学）を修了後、帰郷、材木商を営んでい

【 澤藤幸治氏周辺の主な動き 】

1881年　町分に生まれる
1890年　黒沢尻駅開業
1902年　東京法学院(現中央大学)修了。黒沢尻で材木商に／21才
1908年　珊瑚橋開通／27才
1915年　東京で澤藤商店経営。「日本公論」発行／34才
1917年　展勝地構想実現へ奔走／36才
1920年　和賀展勝会発足、工事着工、原敬総理邸訪問／39才
1921年　和賀展勝地開園、和賀展勝地計画案発表／40才
1924年　横黒線(現北上線)全線開通／43才
1927年　黒沢尻町会議員補選に当選／46才
1931年　岩手県会議員に当選／50才
1934年　黒沢尻町長就任／53才
1936年　県立工業学校誘致を町議会提案／55才
1937年　黒沢尻町長退任、岩手県会議員当選／56才
伊藤治郎助氏黒沢尻町長就任
1939年　県立黒沢尻工業学校創立／58才
1960年　逝去／79才

歴史に見る北上像

ましたが、1915年には東京で沢藤商店を経営。「日本公論」を発行しています。実業家兼ジャーナリストとして活動していたようです。そこで得られた情報がきっかけだろうと思いますが、1917年から展勝地構想を実現しようと奔走し始めます。当時、氏は36歳でした。発端は1924年に予定されていた横黒線（現JR北上線）の全線開通です。鉄道の開通をきっかけに日本有数の観光の目玉をつくろうと考えた訳です。構想から5年で当時の首相で岩手県出身の原敬氏などの政界や、桜の専門家である東京帝国大学教授、三好学氏や東京市の技師、井下清氏の協力を得るとともに、地元有志などをまとめ上げて、開園に結びつけました。その情熱や行動力には心から敬意を表したいと思います。彼はその6年後、黒沢尻町会議員に当選、さらにその4年後には岩手県会議員に当選しています。おそらくはこの時期に県立工業学校の誘致を思いついたようです。そしてその3年後には黒沢尻町長に就任し、誘致を議会に提案しています。その後、この地域の大地主でもあった伊藤治郎助氏（私の前の市長であった伊藤彬氏の祖父）を後任の町長に据え、自分は県会議員に返り咲くことで工業学校の誘致を成し遂げました。先人の熱い情熱が今の北上市を造っていることがよくご理解いただけるエピソードなのではないでしょうか。

2・2 異端のDNA

さて、企業誘致に対する先人の強い想いは、10ヶ所を超える工業団地を自前で整備することにつながります。一つの自治体が単独で工業団地を整備することなど、当時は考えられないことでした。案の定、国からも県からも色良い対応は得られないまま、孤軍奮闘、企業誘致の受け皿づくりが始まりました。広大な工業団地を造ったものの、当初は企業誘致が思うように進まず、4車線を有する団地内道路にはペンペン草だけが生えていると揶揄されたほどでした。現八重樫浩文市長の祖父である、長

北上市内の工業団地

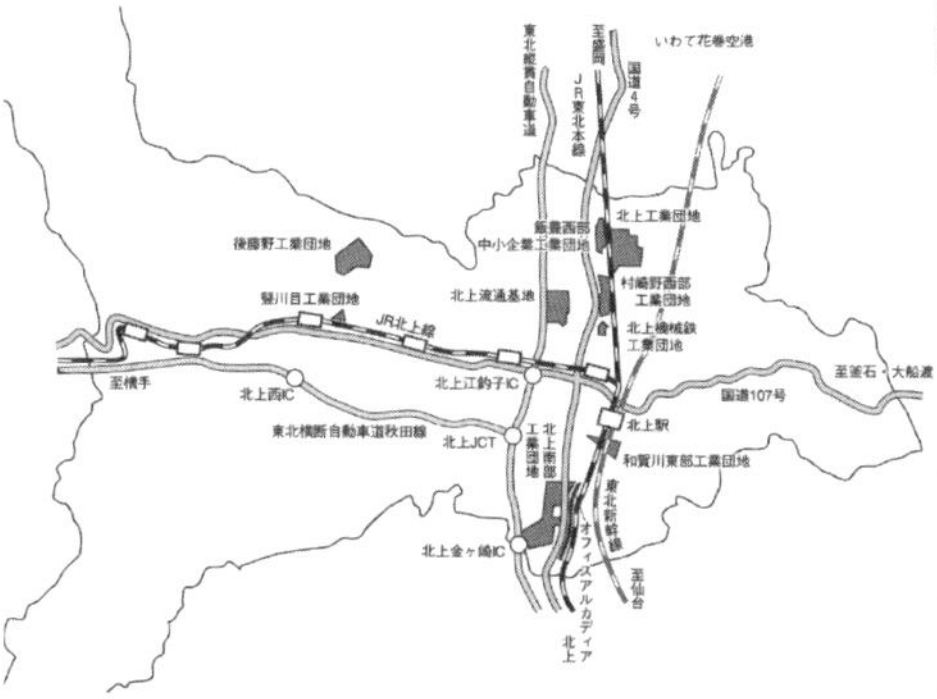

(出典：北上市HP)

操業企業数
(2018年3月末現在)

工業団地等	操業企業数
北上工業団地	29
飯豊西部中小企業団地	17
村崎野西部工業団地	9
北上機械鉄工業団地	17
和賀川東部工業団地	3
北上南部工業団地	78
後藤野工業団地	13
竪川目工業団地	12
北上流通基地	89
北上産業業務団地	29
計	296

(出典：平成30年度北上市の概要)

産業振興の成果

兵衛氏が市長を務めていた時代です。当然ながら市の財政状況も悪化。財政再建団体になったこともありました。それでも、ここまで頑張り続けられたのは先人の企業誘致への執念が、この地のＤＮＡとして行政にも市民にも染み込んでいたからなのだと思います。

日本で初めて開催された東京オリンピック直後の１９６５年、北上市の誘致企業数は10社しかありませんでした。１９９１年に合併した三市町村の圏域人口も６万８千人程でした。現在、誘致企業は２４０社を超え、人口は９万人を超える数になっています。さらに製造品出荷額を見ると、３千８００億円余りで東北の自治体の中では現

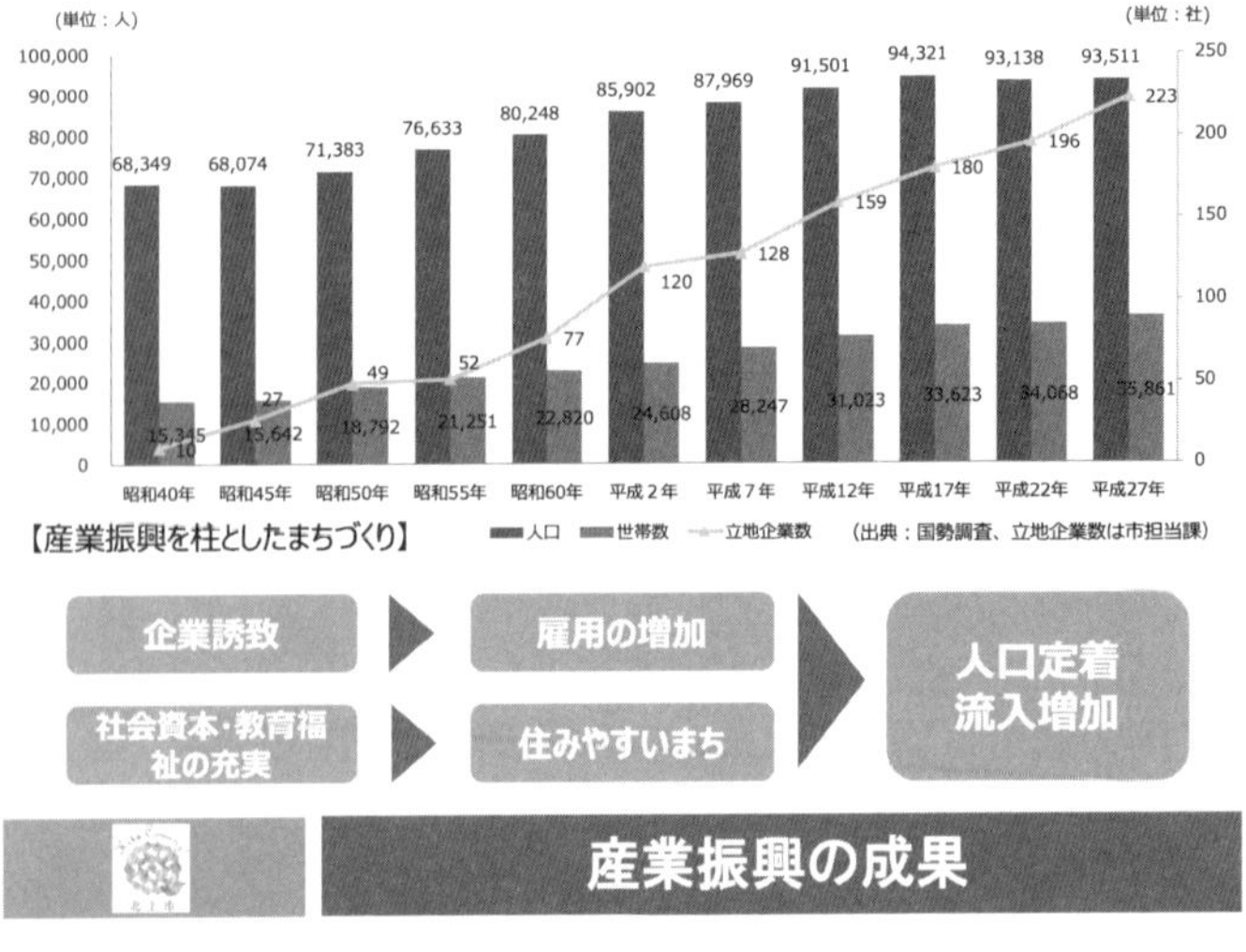

在10位となっています。因みにトヨタ自動車東日本岩手工場がある金ケ崎町は6千億円を超え、東北5位の位置にあります。

今、北上市には半導体大手工場が立地しており、想定通り拡張整備が進めば、東北トップの製造品出荷額になる可能性も十分にあります。原子力発電所の立地がない都市で普通交付税不交付団体を窺うまでになった理由は、立地企業の設備投資による固定資産税による税収入であり、これまでの先人たちによる決断とそれを必死につないできた市民や企業、行政の血のにじむ努力があったからだと思います。

２０１７年9月6日、東芝は半導体子会社「東芝メモリ」の新規拠点を北上市の北上工業団地エリアに決定したと発表しました。現在のキオクシア岩手の立地が決まった瞬間です。10年以上前に一度決まりかけたものの、世界の経済情勢に左右されやすい半導体の分野であり、一度白紙になっていた案件の復活決定は大いに関係者を喜ばせました。実は、この案件が白紙となった後も、時期を見ては岩手県と連携しながら東芝本社を訪問していました。空気が変わったのは東日本大震災後だったと思います。東芝は岩手の復興支援に力を注ぎ、達増知事と私がそのお礼に東芝本社に何度も伺うという機会を得られたことが大きかったと思います。その中で、世界の半導体分野の今後の展開と東芝の関わりがクローズアップされつつあることがわかりました。つまり、四日市工場は近い将来手狭になることが確実視され、他に拠点が必要なことが現実味を帯びてきた訳です。ただし、誘致はそう簡単ではないことも感じられました。ライバルになる国があることがわかったからです。国内の競争であれば人材や水の供給の面である程度競争力には自信がありましたが、海外との競争はそうは行きません。

ある国が国を挙げて誘致に動き出していることがわかり、我々よりも遥かに有利な条件を提示していることもわかりました。とても岩手県と北上市だけでは太刀打ちできないライバルの条件提示であり、敗色濃

キオクシア岩手が立地する北上工業団地

厚の感さえあったことを記憶しています。私は国を動かさなければ勝負にならないという危機感から、あらゆるチャンネルを通して国会議員や関係省庁を訪問し、半導体産業が海外に流出する危険性を必死で説いて歩きました。東芝サイドもおそらく同様の思いがあったようで、国との折衝の様子が伝わってきました。多くの関係者の多方面にわたる努力が噛み合い、同時に様々な幸運も重なって、ようやく念願が叶ったものと思います。現在は、第二段階であるＫ２の工事が進んでいます。

これまで、北上市の企業誘致への取り組みの一端を述べてきましたが、これ以上申し上げることは誘致に日夜奮闘している職員に申し訳ないのでこれくらいにしておきます。詳細は、講演などの機会にご質問いただければと思います。人材育成やインフラなどについてはいつでも好条件が提示できるよう、常に周到に準備しておく必要がありますし、最後は議会も含めて信頼関係が決め手になりますので、日頃のコミュニケーションは何よりも重要だと感じています。これは、何かと堅苦しい行政では不得意な分野かもしれませんが、これをＤＮＡとして受け継いできた北上市の大きな特徴だと思います。

珈琲ブレイク 2（北上市広報　平成26年5月23日号掲載）

国立競技場がやってくる⁉

２０２０年の東京オリンピック開催に向けて、国立競技場が新しく生まれ変わることはご承知の通りです。これを機に解体される国立競技場のメインスタンドの座席を、２０１６年に予定されている二巡目岩手国体と全国障がい者スポーツ大会に向けた、北上市の陸上競技場リニューアルに再利用しようとの声が上がり、市ではその可能性を検討してきました。国立競技場を管理する独立行政法人日本スポーツ振興センターでは、競技場の備品を、公募によって必要とする自治体に寄贈することとなり、先般、当市も応募したところです。皆さんが本稿を読んでいるころには、その結果が分かっているはずですが、被災地岩手県の国体主会場である当市に決定しているものと期待しています。

この計画の本当の狙いは、東日本大震災からの早期復興に向けて、オリンピックの力で世界中の視線を東北岩手につなぎ止めておくことです。できればオリンピックのプレイベントやキャンプにも利用していただき、できるだけ多くの人々に被災地を訪れていただきたいものです。それが2019年開催のラグビーワールドカップ、釜石開催の後押しにもなり、国際リニアコライダーの北上エリア誘致にもつながるものと思うからです。

座席の取り外しや積込みには、東京都からオリンピック関係者なども協力いただけることになっています。日程は6月29日（日曜日）の午前中の予定ですが、市民ボランティア向けのバスを用意する予定であり、できるだけ多くの皆さんに関わっていただければ大いに盛り上がることと期待しています。秋には日韓中ジュニア交流競技会やアジアマスターズ陸上競技選手権大会も開催されますが、得意のホスピタリティーとオリンピックの力で大いに盛り上がって欲しいものです。

2・3　北上モデルへの評価

さて、工業立市としてのDNAを連綿としてつないできた北上市ですが、そのことについて、当市の産業アドバイザーでもあり、自治体の産業政策に精通しておられる、一橋大学名誉教授であり、明星大学経済学部教授の関満博氏が分析しておられますので、その一部を紹介します。それは2017年に発刊した「地方創生時代の中小都市の挑戦～産業集積の先駆モデル・岩手県北上市の現場から」です。産業集積を目指す自治体には是非目を通していただきたいと思います。

氏は北上市の産業政策について次のように述べています。「北上モデルとされた巨大な工業団地の開発と果敢な企業誘致により成功した北上市、地方の中小都市の多くが人口減少、少子高齢化、そして地域産業の停滞に悩んでいる中で、ひとり人口規模を維持、産業基盤を拡大・進化させてきた。……無謀と言われながら、1960年頃から130ヘクタール級の巨大な工業団地形成に踏み込んだ八重樫長兵衛市長（1962～66）の時代、「夜討ち朝駆け」とも言われた果敢な誘致活動を繰り広げた斎藤五郎市長（1966～86）

の時代をスタートに、『工業立市』でぶれることなく、戦略的な地域経営、企業誘致を軸にした産業政策を重ねてきた。全国の市町村の中で、自立的に産業政策を推進し、これだけの成功を収めた市はない。……以上のように、大型工業団地を開発し、果敢な企業誘致により、北東北で最も産業化に成功した北上も、新たな段階に踏み込みつつある。これまでの北上産業をリードしてきた半導体、電子関連の事業は一つの盛りを過ぎ、次を期待される自動車産業は思うような進展を見せていない。さらに、交通条件が格段に改善され、物流系の企業の集積が著しいものになってきた。このような大きな変化を次にどのようにつなげていくかは今後の大きな課題であろう。……企業誘致の時代から、現在から近未来の北上は持続性ある豊かな地域産業社会の形成という新たな課題に応えていかなくてはならないのである。」

氏は北上市の今後の産業のあり方について、企業誘致から地域資源を生かした地場産業の育成にシフトするべきことを示唆しているのです。私は２０１４年、マイクロソフト社やスターバックスコーヒー、アマゾン社などを世界に展開させている、アメリカ合衆国ワシントン州シアトルを産業政策の参考にしたいと思い、姉妹都市コンコード市訪問のついでに視察しました。そしてシアトルの都市構造が街区毎に地域特徴を生かしてそれぞれにデザインされており、私の考えている「あじさい都市」の都市構造と類似していることを心強く思ったのでした。地域資源を生かした地場産業を世界に羽ばたかせるシアトルの産業政策、そして関満博氏による北上市の次なる産業政策への示唆、その答えがまさに「あじさい都市」にあり、新たな北上モデルとなり得るものと期待を膨らませているところです。

2・4　市町村合併の検証

１９９９年から政府主導で行われた平成の大合併では、３年間で１３５３の市町村が合併しました。それから20年が過ぎて、検証が多方面からなされてきましたが、自治体による行財政の効率化はなかなか進まず、財政優遇措置の延長が未だに続いています。

北上市はその10年以上も前に合併しましたが、自主的な合併であったため財政優遇措置は期限をもって廃止され、さらに国の三位一体改革の影響もあって、財政の悪化が顕著に進みました。合併を機に策定した新市発展計画は合併市町村の均衡ある発展を夢見て、いわゆる都市化を目指して作られていますので、今から考えれば行け行けどんどんの施策が展開されたと言えます。身の丈以上のインフラ整備が行われたのかもしれません。

私たちはその10年間を、いわゆる市町村合併後の第一ステージと表現しています。インターハイの開閉会式が行われる主会場地を誘致し、市総合運動公園の陸上競技場や総合体育館なども独自の予算で整備しました。後にここは希望郷いわて国体といわて大会の主会場地、さらにはアジアマスターズ陸上の会場にもなり、北上市のシティプロモーションに大きな役割を果たしました。しかし同時にこれらのことがその後の市財政を苦しめることにもなったので

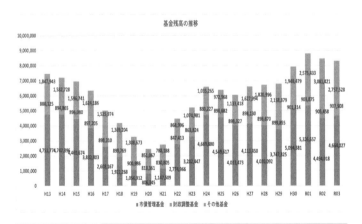

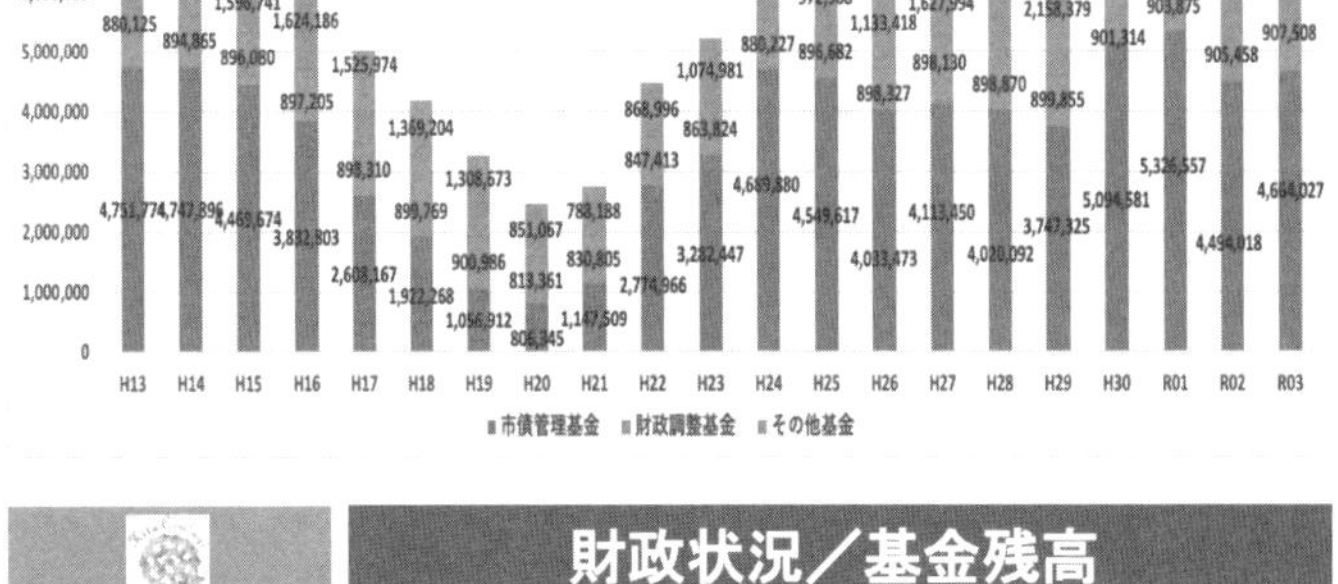

す。

また、企業誘致のために広大な南部工業団地も整備され、ある程度の企業は立地したものの、直後のバブルの崩壊によって急ブレーキがかかり、売れ残った広大な土地はさらなる財政悪化を招きました。合併から10年が過ぎると、このまま都市を拡大させる都市化政策を続けることができないことは明白でした。このような財政危機との戦いの期間を私たちは合併後の第二ステージと呼んでいます。分権化に対応した堅実な地方都市の体制に早急に舵を切らなければならなかったのです。

そこで生まれてきたのが地域分権への体制作りです。北上市は行財政改革と併せて16地区の公民館に代わって、自治組織の指定管理による交流センターの設置（2006年）に向けて動き出すことになります。手始めに取り組んだのは、地域のことは地域で考え、行動するため、地域それぞれで地域計画を定め、市の総合計画に連動させようとする取り組みが2001年から始まる総合計画策定で動き始めます。それまでの16地区の公民館には市職員が常駐し、地域課題を受け止め、施策に反映させる仕組みでした。だから黒岩地区など一部の地区を除いては戦略的にまちづくりに取り組む仕組みにはなっていませんでした。意思決定の仕組みができていなかったのです。

当然ながら、自治組織の指定管理による交流センター化には多くの自治組織が戸惑いを見せました。財政難を理由に交流センター化を進めようとしているとの疑念もあったのでしょう。しかしこれは決して財政難の克服を目的とした行政改革ではないということは、今では多くの市民が知っています。

合併から10年が過ぎた2001年からの10年間、いわゆる第二ステージは合併による都市化の夢から覚め、財政難という現実と戦いながら、ひたすら行財政改革の道を歩んできたのです。加えて、途中リーマンショックなどもあって企業誘致はなかなか進みませんでした。地域コミュニティも古い意識から抜け出すことができず、苦しい時代だったのではないでしょうか。

そのような社会情勢の中、2011年3月11日14時46分、あの東日本大震災、津波が発生してしまいました。北上市も死者4人、全壊家屋も多く発生するなど、大きな被害が出てしまいました。しかしそれとは比べものにならない程、沿岸地域は大津波でまちが壊滅する甚大な被害が発生していました。私が北上市長に就任したのが翌月の4月27日です。当市の復旧もままならない状況ではありましたが、私は沿岸被災地復興支援のプロジェクトチームを立ち上げ、避難者の受け入れ、支援物資の分配、災害廃棄物の受け入れ、さらには全国の大学等による復興支援に資するべく、沿岸被災地復興支援サテライトを北上駅前に設置し、あらゆる面からの沿岸支援をサポートする体制を整えました。

16地区の自治組織の中には自発的に福祉団体と協力しながら沿岸地域からの避難者をケアする動きも出始めました。丁度私の出身である中間支援NPOが中心となって支援プラットホームを立ち上げてくれました。沿岸被災地の自治体は、庁舎をはじめ、多くの公共施設も被災したために、自力で住民のケアをすることは困難な状況でした。北上市は中間支援NPOと協力し、沿岸の避難住民のケアを被災自治体に代わって実施することにしました。その内容

については次章で詳しく述べたいと思います。

実はこのような様々な支援の動きが市民の意識、つまり自治意識を変えることになったと私は分析しています。自分たちの地域の未来は自分たちで考え、できることは自ら行動しようとする意識が沿岸被災地支援による学びによって大きく育てられたものと思います。これが合併後の第三ステージの始まりです。私が提唱したあじさい都市は高度な市民自治意識を前提とした都市戦略であったため、市民のこのような意識変革は本当にありがたいものでした。

それまで、北上市には第三セクターに関わる大きな課題が山積し、企業誘致のために

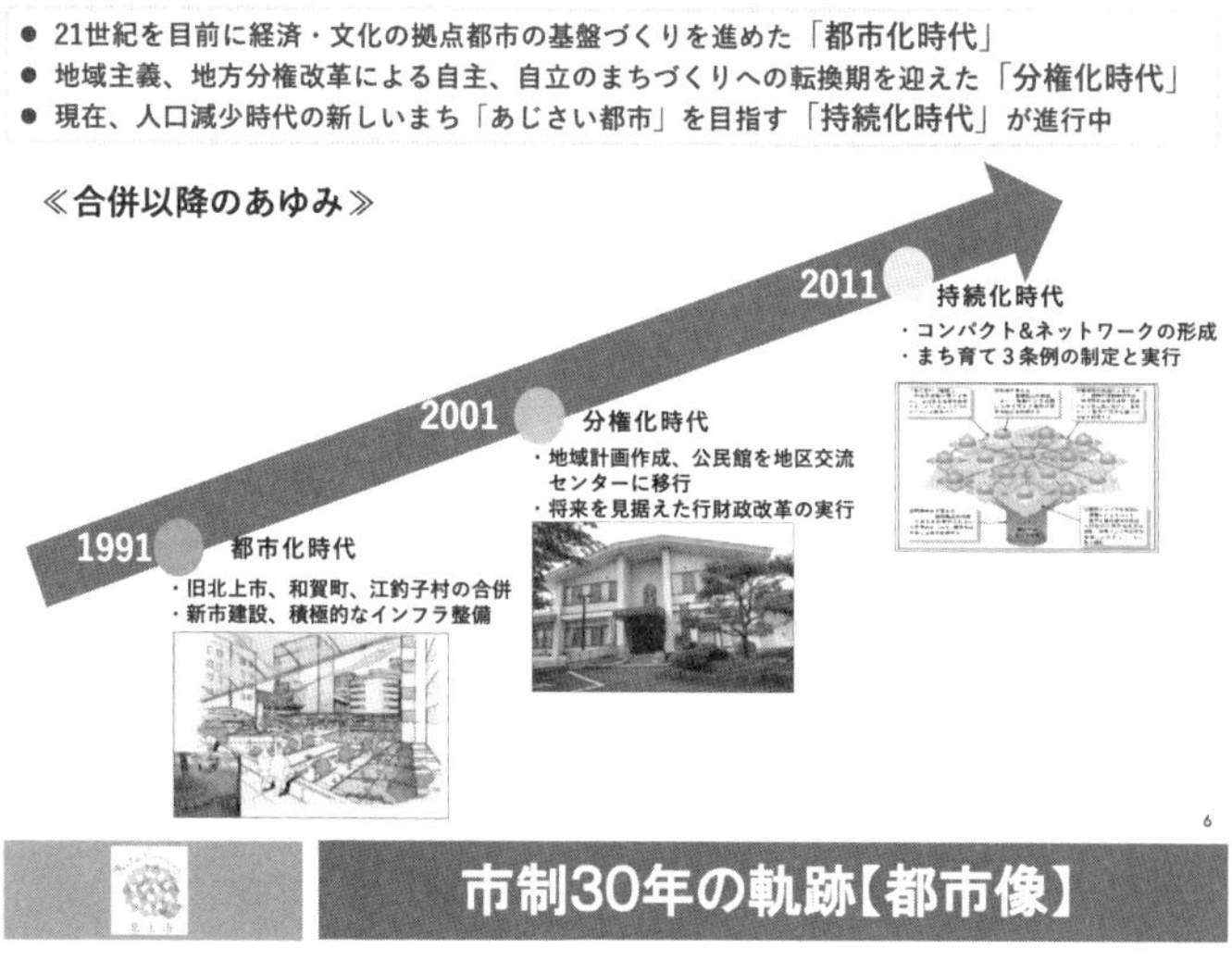
● 21世紀を目前に経済・文化の拠点都市の基盤づくりを進めた「都市化時代」
● 地域主義、地方分権改革による自主、自立のまちづくりへの転換期を迎えた「分権化時代」
● 現在、人口減少時代の新しいまち「あじさい都市」を目指す「持続化時代」が進行中
≪合併以降のあゆみ≫
2011
持続化時代
・コンパクト&ネットワークの形成
・まち育て３条例の制定と実行
2001
分権化時代
・地域計画作成、公民館を地区交流センターに移行
・将来を見据えた行財政改革の実行
1991
都市化時代
・旧北上市、和賀町、江釣子村の合併
・新市建設、積極的なインフラ整備
6
市制30年の軌跡【都市像】

投資し続けてきた債務などもあり、非常に窮屈な行政運営を強いられました。しかしながら、市民の意識変革が功を奏したおかげで、それらの課題のほとんどに市民が冷静に対応でき、解決につながっていきました。

市町村合併からこれまでの30年余りを3つのステージに分けて分析してきましたが、それぞれのステージを一言で表現すると、第一ステージは都市化時代、第二ステージは分権化時代、第三ステージは持続化時代と名付けられると思います。その一方で、一時期過剰と言われた工業団地はすでに完売し、合併によるスケールメリットによって第三セクターを含めて行財政の効率化を図ることができたものと評価できます。総合的に判断すると、北上市は他自治体より早く合併したことによって多大なメリットが得られたものと総括できます。そして、それが現在の活力につながっていると言えます。

Kita Coming!

北上市

珈琲ブレイク 3（北上市広報　令和3年2月26日号掲載）

あれから30年

今年4月1日で旧北上市、和賀町、江釣子村が合併し、新北上市が誕生してちょうど30年となります。当時、私は北上青年会議所のメンバーとして3市町村の農工商各青年団体で企画した、合併前夜祭に関わりました。合併前夜祭の発案は、合併まであと数カ月に迫った頃でした。それから実行委員会を組織し、ゼロから企画を進めて実行したのだから、良くできたものだと今さらながら感心させられます。和賀川堤防に沿って住民1万人が手をつなぐハンド・イン・ハンドや聖火リレーなど、住民同士の心と心をしっかりつなごうと「ワッカはひとつ」を合言葉に行われた数々の事業が懐かしく思い出されます。

あれから30年、果たして人々の心はしっかりとつながったのでしょうか。区切りの年度を迎え、合併からこれまでの30年間の市政をしっかり評価し、北上市の未来に資することが最も大事だと考えています。評価結果は、北上市近未来政策研究所の研究活動として、然るべき時期に公表する予定です。ここでは合併に関する市民意識調査から興味深い結果が得られたのでその一部を紹介したいと思います。

　現在の北上市が平成3年4月1日に3市町村が合併して誕生したことを知っている市民が68・3％、知らない市民が31・3％。北上、和賀、江釣子などの旧自治体の枠組みをまったく意識しない、あまり意識しないと答えた市民が76・3％、ある程度意識する、強く意識すると答えた市民が22・6％でした。合併30年でようやくここまで来られたのかな、というのが率直な感想です。合併を主導し、新北上市の初代市長となった高橋盛吉氏が著書で「人それぞれ　地域もそれぞれ　それぞれに咲く　あじさいの花の如くに」と新北上市への思いを表していたことを思い起こします。奇しくも今、あじさい都市を標榜している北上市ですが、4月1日から新しい総合計画を携えて新たなスタートを切ろうとしています。

第三章　市民の「ちから」

3・1　まちづくりは人づくり

　私は以前、40歳以下の青年で構成する各都市のまちづくり団体である北上青年会議所に所属していました。青年会議所では、目的毎にいくつかの委員会があり、卒業するまでに様々な役職を経験します。将来、企業や団体、地域を担う人材を育てるためです。全ての役職の任期は1年ですが、国際組織なので、役職は県単位、地区単位、全国単位、国際単位と広がります。したがって40歳までに全ての役職を経験することができないほどの機会があります。時には組織の枠を超えてまちづくり事業を行うこともあります。そのような機会のおかげで、私は北上青年会議所以外の多くの人々とつながりを持つことができ、市長をさせていただく機会もいただけたものと思っております。多くの経験から私は「まちづくりは人づくり」であることを学びました。人と人とのつながりが「まち」をダイナミックに変えていく機会に何度も出会うことができたからです。展勝地を開園し、黒沢尻工業学校を誘致した澤藤幸治氏のまちづくりもまさに人づくり、ネットワークづくりの代表的な事例だったと思います。

１９８９年、当時の竹下内閣のもとで地方創生一億円事業が行われ、全国の自治体に均等に一億円が配られました。私は、丁度その年に北上青年会議所の専務理事を務めていましたので、これからの事業としてまさにまちづくり人材を育てる事業である「クレイジーアカデミー事業」を北上市に提案し、運良く４つの事業の１つとして採択されました。〝クレイジー〟という表現には審査員から少し違和感を示されましたが、以前にまちづくり研修で学んだ「まちづくり人材には、若者、よそ者そしてバカ者が必要である」という講師の言葉が記憶にあり、〝バカ者〟いわゆる熱中できる人を意味する〝クレイジー〟を育てるプログ

姉妹都市コンコード市との交流

ラムにしようと考えた訳です。市民がまちづくり研修に参加し、成果として自らまちづくり事業を企画、実施するプログラムでした。さらにそのご褒美として、姉妹都市であったアメリカ合衆国カリフォルニア州のコンコード市を訪問し、交流するというものでした。5年間の事業でしたが、参加した市民は後にクレイジーアカデミーネットワーク（CAN）を結成し、まちづくり活動を発展継承させました。また、コンコード市訪問を経験した市民や青年会議所メンバーを中心に北上アンバサダーを結成し、後に結成された北上市国際交流協会とともに現在も活発に活動を続けています。

三市町村合併の際には北上青年会議所が主導して記念イベントを仕掛けました。当時、この地域にはそれぞれの市町村毎に農業系、商業系の青年団体があり、その全てに呼びかけをし、全7団体が結集、青年団体連合会が結成されました。実施したのは合併の前日、1991年3月31日の夕方から夜中にかけて前夜祭を開催し、深夜にカウントダウンをしようというものでした。これまでに出会う機会のなかった青年たちが集い、開催された前夜祭は、もちろん記憶に残る素晴らしいイベントでしたが、何よりも半年をかけて行った話し合いや準備作業によって培われた友情と絆は今尚健在で、新北上市のまちづくりを支えています。

一方、青年会議所の県組織である岩手ブロック協議会では、盛岡に日本青年会議所の全国大会を誘致しようという計画があり、13の青年会議所が連携してその運動に取り組んでいました。私は1991年には岩手ブロック協議会の専務理事として、1992年には北上青年会議所の理事長としてその運動に関わりました。1992年の函館全国大会に合わせて開催された、日本青年会議所理事会に岩手の全13青年会議所の理事長たちが義経北行ルートを辿り、徒歩リレーで函館まで行ったことを今でも懐かしく思い出します。そして、まさにその場で1994年の日本青年会議所全国大会が盛岡に決定したのです。単なるパフォーマンスと笑われる方もおられるかもしれませんが、当時は皆真剣で、大会の誘致成功を心から喜び合いました。その後私は、誘致した1994年の盛岡全国大会を主管する立場となる岩手ブロック協議会の会長を引き受けることになり、青年会議所の仲間と共に勝ち得た大会成功は、私の市長選出馬決断の大きな支えにもなりました。

北上市はその歴史的背景によりおもてなしの心を育み、ものづくり人材の育成に力を注いできました。さらに、活発な市民活動によって、より多くの市民や企業が関わるまちづくりの体制を構築してきたものと思います。今の北上市が東北で最も元気なまちと評価されているのは、まさにこの「人づくり」の歴史があったからではないかと思います。

3・2　市民活動を支援するNPO

1995年1月17日、阪神淡路大震災が発生しました。なかなか素早い動きができない行政を尻目に、多くのNPOが被災者支援に大活躍したことは記憶に残っている方もおられるのではないでしょうか。そのことをきっかけに1998年、特定非営利活動促進法、所謂NPO法が制定されました。青年会議所でまちづくりの初歩を学んだ者としては、これからのまちづくりに必要なツールとして、NPOを学んでおきたいと思い、さらに青年会議所仲間からの誘いもあって、NPOとは何かを研究する団体「これからの市民活動を考える会」を立ち上げました。そして先駆的に取り組んでいた、せんだい・みやぎNPOセンターの故加藤哲夫代表理事を何度かお招きし、NPOへの理解を深めながら仲間を増やしていきました。学びを深めるうちに、岩手県ではまだなかったNPOを支援するNPO、いわゆる中間支援NPOを立ち上げようということになり、当時、岩手県立大学の教授で市民活動に精通していた、山田晴義氏の指導を得て、特定非営利活動法人いわてNPO-NETサポートを立ち上げました。折しも北上市は市町村合併後の第二ステージである分権化時代に入りつつあった頃で、地域の未来は地域で考える動きが始まりつつあるところでした。私たちは、意識の高い地域からサポートしていこうと地域計画づくりの支援を始めました。一方で、社会のために何か役立ちたいがどうしたらいいかわからない人たちのために、その思いを活動につなげる支援をしながら、必要があれば法人化のお手伝いをすることにしました。市行政も財政逼迫の中にあっても、あるいはそうであるからこそ、市民によるまちづくりへの支援は急務と考えていたものと思います。市も県も国も私たちの活動には積極的に支援してくれました。だから、北上市は県内他の自治体に比して市民活動も、地域によるまちづくり活動も活発になっていったものと思っています。

珈琲ブレイク 4（北上市広報　令和2年5月22日号掲載）

市民の定義

市民活動団体の支援をしていた頃、先輩格の団体であった、せんだい・みやぎNPOセンター元代表理事の故加藤哲夫さんから、さまざま貴重なご指導をいただいていました。加藤さんはよく、NPO活動の対象、あるいはパートナーとしての「市民」と、いわゆる一般的な「住民」とは意味が違うのだと言っておられました。今から20年以上も前のことです。当時の私は市民も住民も混同していましたので、加藤さんの言葉には目から鱗が落ちる思いをしたものです。

インターネット辞書で調べると、市民とは政治的共同体である市（都市）の主権的な構成員とあります。その土地に住む人、もしくは集団という意味の住民とは違う概念です。市民セクター側から見れば、市民はまちづくりの主体なのですが、行政や議会は市民を主にサービスの対象者、いわゆる客体として見てしまいがちなのだそうです。

北上市の場合、全ての条例や計画の上位にあって、まちづくりの最高規範となる自治基本条例があります。その第3条第1号では「市民」を「市内に住む者、市内で働く者及び学ぶ者並びに市内に事業所を置く事業者及び市内でまちづくり活動をする団体をいう。」と定義しています。ここで注目していただきたいことは、市民の概念が市内に住む住民だけではないということです。市内で働く者も学ぶ者も、事業所もまちづくり団体もまちづくりの主体としての市民に含んでいるのが大きな特徴であり、ぜひ知っておいていただきたいと思います。

市民の定義を考えるとさまざまなことが見えてきます。世界中に広がった新型コロナウイルスによる社会的混乱には、地域によって大きな違いが見受けられます。そこに地域特有の「市民力」が少なからず関係していることは容易に想像できます。私は近年、北上市民は大いに市民力を育んできたと自負する一人です。だから今般の新型コロナの災禍がいかに長期化しようとも、この市民力で必ず乗り越えられるものと信じています。

3・3　行政の限界と地域主権の動き

1991年4月に合併した北上市は薔薇色のまちづくり、いわゆる都市化政策を押し進めますが、まさにその年同時に起こったのが、その後長年にわたって日本を苦しめ続けたバブルの崩壊です。金融システムへの不安、国の財政に対する不安、そしてそれによって生じるであろう社会保障に対する不安など、暗雲が徐々に国民の間に広がっていきました。国の借金は破綻に向かって日々カウントダウンされる報道も相次ぎました。それまで、行政が永遠に担うだろうと思われてきた公共サービスの限界が見えてきたのです。人々は自分たちでできることは自分たちでやる必要を感じ、さらには公共サービスの受け手に、より近い人々が公共を担った方が効果的で、効率的であることに気づき始めました。そして、1995年の阪神淡路大震災のＮＰＯの活躍によって、公共の担い手が行政だけではないことを改めて確信したと言っても良いと思います。

そのような状況にあってもなお、北上市は合併時に掲げた新市建設計画を進めざるを得ませんでした。旧市町村間で交わした約束があったからです。当然のことながら施策の至る所に無理が生じ始め、徐々に財政困窮という傷口が広がっていきました。合併後の第二ステージである、２００1年からの10年間がまさに行財政運営の難しさが際立った時代だったことは前述したとおりです。特に２００６年に小泉政権によって実施された三位一体改革は地方分権の名の下に、地方をさらに追い詰めることになりました。行政は当然ですが、私たちのようにＮＰＯ活動を担っていた人たちは、すでに行政の限界を感じていたのですが、市民の側は公共サービスは全て行政がやってくれるもの、という観念がまだまだ根強く残っていたと思われます。２０００年に設立したＮＰＯの中間支援組織である、いわてＮＰＯ－ＮＥＴサポートの重要なミッションは、市民や地域に行政の限界を感じてもらうということもその一つだったように思います。16地区を訪問し、様々なまちづくり活動を支援する中で、私たちは行政には限界があること、自分たちができることは自分たちでやろうと何度も繰り返し、伝えていたように思います。もちろん、当初、地域の反発もありましたが、合併後の第二ステージで行われた行財政改革に市民がある程度の理解を示したのは、私たちのような中間支援ＮＰＯの活動が少しは役立ったものと思います。

合併後の第二ステージでは16地区の公民館を、自治組織の指定管理による交流センターへと移行する大きな改革が始まりました。交流センターの役割はこれまでの行政による福祉や生涯学習の活動拠点であるだけでなく、すでにスタートしていた地域計画に基づいたまちづくりを地域主体で推し進める拠点としても期待されました。

まず、自治組織が交流センターの指定管理を受けるためには、それなりの組織の体裁を整えなくてはなりません。組織の構成や意思決定の手法、事業のマネジメント手法などの研修を中間支援組織である私たちいわてNPO－NETサポートが担いました。さらにそれまでの地域計画は、言わば一部の地区役員レベルの話し合いで決められた地域も多く、地区全体へは広がってはいませんでした。また、これまでの経緯により、16地区と行政との結びつきよりも、より身近な存在である、市の特別職としての区長が大きな権限を持つ125の行政区との結びつきの方を住民は重視する傾向にありました。それぞれの地域を支援する中で私たちはもっと詳細に分析し、しっかりとしたルールづくりが必要であることや、ある程度自由になるまちづくり財源が必要であることなど、地域主権の仕組みづくりが必要であることを学びました。そしてその学びが、その後の活動に大いに役立ったと感じています。私が市長として行政と地域コミュニティとの関係性を考える時のベースにもなったと考えています。

３・４　北上スタイルの復興支援

２０１１年に起きた東日本大震災とその後の北上市の沿岸被災地支援は、ＮＰＯや企業、地域住民などとの協働が功を奏したという意味で特徴的だったと思います。沿岸被災地の基点として動いた遠野市とともに後に各方面からご評価をいただきました。発災直後に私は市長に就任した訳ですが、北上市民は沿岸被災地のあまりにも酷い状況を目の当たりにし、それぞれの立場で様々な支援活動に取り組んでいました。沿岸被災地からは被災された皆さんが続々と北上市に避難する中、それを専門にマネジメントする部署が当市にはありませんでした。

そこでまず手掛けたのは庁内に沿岸地域被災者支援プロジェクトチームを5月に設置したことです。さらには行政だけでは限りがあることから、その枠を越え、「いわて連携復興センター」との復興支援協働協定の締結や「きたかみ復興支援協働体」を立ち上げるなど、ＮＰＯ等の関係団体や企業と協働で復興支援に取り組む体制整備を進めたことで、被災地支援の様々なニーズを正確に捉えた効果的な支援活動につなげることができるようになりました。その代表的な事例が大船渡市と大槌町で実施してきた仮設住宅運営支援事業であり、当市がこれまで市民、企業、行政の協働によるまちづくりを進めてきた強みを生かすことから生まれた当市ならではの事業と考えています。さらに9月には、市、地域自治組織、企業、専門家が連携し、それぞれの強みを生かした効果的な支援を行うための活動拠点（プラットホーム）として北上駅前に「きたかみ震災復興ステーション」を設置し、協働による多様な復興支援活動を展開しました。これには岩手県の「新しい公共の場づくりのためのモデル事業」補助金を活用し、運営をきたかみ復興支援協働体に委託しました。きたかみ復興支援協働体の構成団体は次のとおりです。

北上市／特定非営利活動法人いわてNPO－NETサポート（市民活動支援）／特定非営利活動法人いわて連携復興センター（被災者・避難者支援、沿岸復興支援）／社会福祉法人北上市社会福祉協議会（沿岸復興支援、避難者支援）／北上市雇用対策協議会（求職者支援）／黒沢尻北地区自治振興協議会（被災者・避難者支援）／北上ネットワークフォーラム（沿岸復興支援）

　自治体連携による復興支援の取り組みも当市ならではの取り組みです。大槌町と大船渡市、釜石市へそれぞれ職員を派遣、7月には大船渡市の震災ごみの受け入れを開始しました。さらに9月には大船渡市で仮設住宅運営支援を開始し、翌年2月からは大槌町で仮設住宅運営支援事業を開始しました。沿岸被災自治体は、通常業務のほかに膨大な復興業務に当たらなければならない状態で、マンパワーが全く不足していました。北上市の市民団体や企業と連携した被災自治体支援は大きな評価をいただけたものと思っています。また、専門家と連携した復興支援も注目をいただきました。私が市長就任前に活動していた建築関係団体

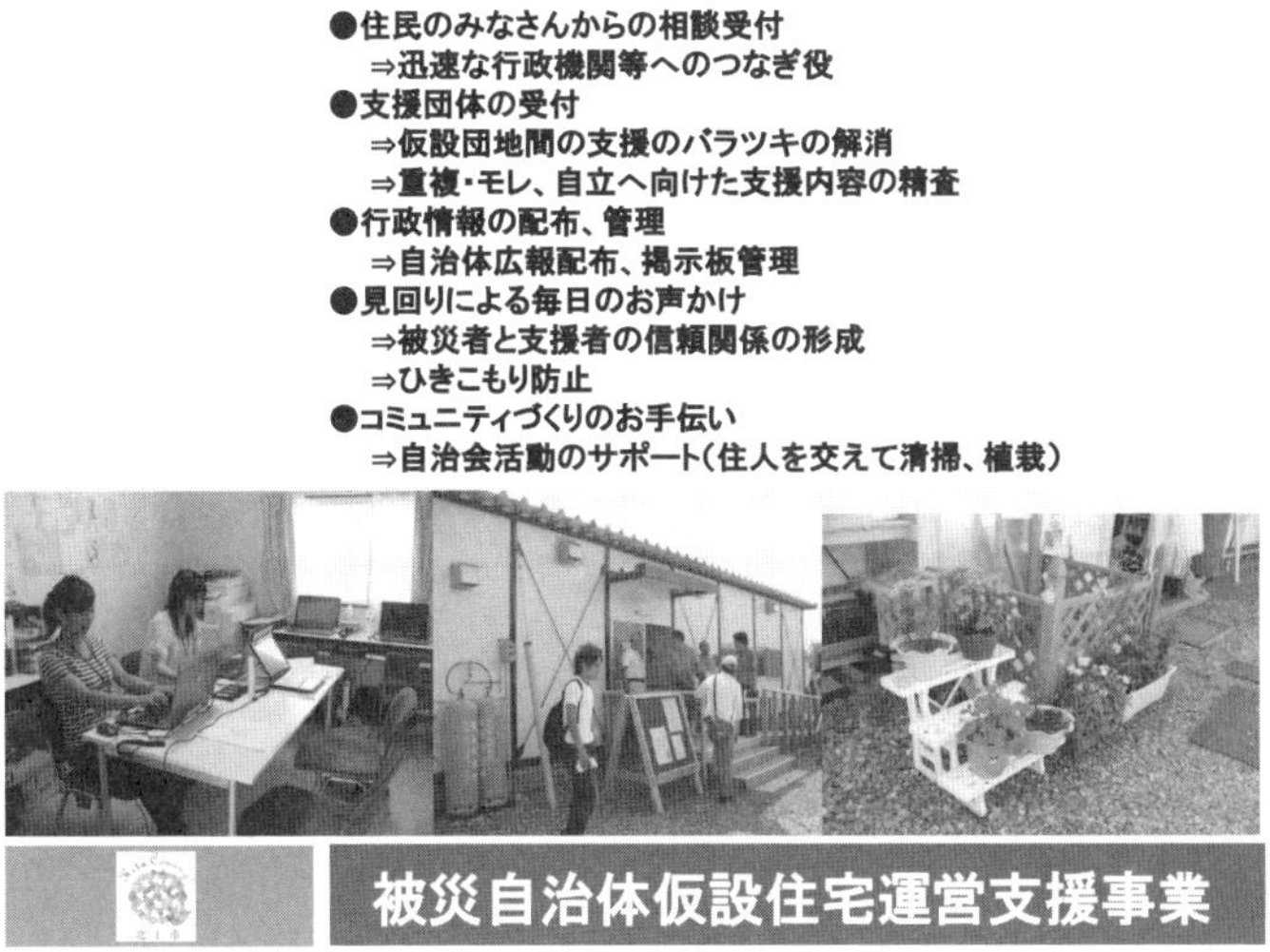
●住民のみなさんからの相談受付
⇒迅速な行政機関等へのつなぎ役
●支援団体の受付
⇒仮設団地間の支援のバラツキの解消
⇒重複・モレ、自立へ向けた支援内容の精査
●行政情報の配布、管理
⇒自治体広報配布、掲示板管理
●見回りによる毎日のお声かけ
⇒被災者と支援者の信頼関係の形成
⇒ひきこもり防止
●コミュニティづくりのお手伝い
⇒自治会活動のサポート（住人を交えて清掃、植栽）
被災自治体仮設住宅運営支援事業

やＮＰＯなどでお世話になった、都市計画や景観まちづくりの専門家であり現在、弘前大学特任教授の北原啓司氏のアドバイスもあり、「きたかみ震災復興ステーション」を基点に沿岸被災地のまちづくりを支援する日本都市計画学会、日本建築学会、日本建築家協会、日本土木学会等が行う沿岸被災地支援をサポートするとともに、それぞれが実施する支援活動の情報を関係者で共有する復興サロンを開催しました。これらの活動が「仮設住宅のＤＩＹ」や「傾聴スキルアップ講座」などの新たな支援の展開にもつながりました。

　多様な事業体との連携で実施した東日本大震災被災地支援や避難者支援とそこから

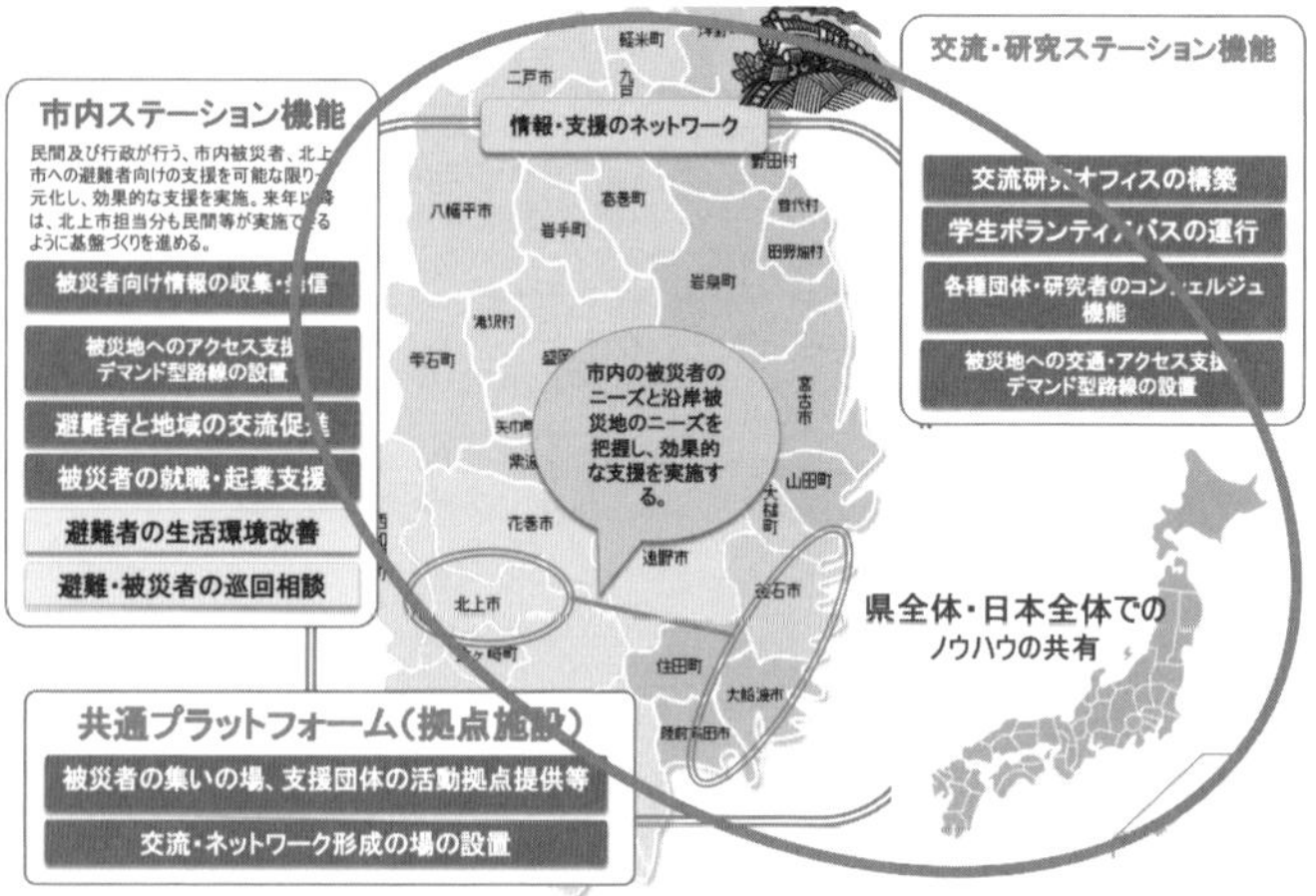

きたかみ震災復興ステーションの役割

の学びはその後の北上市のまちづくり、そしてあじさい都市構想推進の大きな力になったのではないかと思います。

珈琲ブレイク 5（北上市広報　平成24年9月28日号掲載）

沿岸被災地を巡る

東日本大震災から早や1年半。復興の様子を見るため、妻と二人で沿岸に向かいました。遠野から笛吹峠を通って大槌町へ。昨年3月の光景からは瓦礫が片付いただけで何も変わっていません。ポツンと1軒、タクシー会社が傷んだ社屋で営業をしていました。観光客でしょうか、あちらこちらにたたずんで、辺りを眺めています。街外れの海鮮食堂は、午後2時にもかかわらず10人ほどが席待ちをしていました。お盆のためか、大家族での来店が多く、中には仮設住宅からの人もいるのでしょうか。明るく話が弾んでいる様子に少しほっとしました。穏やかに青く輝く大槌湾を眺めながら、自宅にまだ帰れない人たちがいることを考えました。

国道45号を南下し、釜石市街地へ。震災直後は流された車の残骸で見るも無残な姿でしたが、商店街のアーケードが撤去され、街全体が少し広くなった感じです。営業を始めた商店もあり、少しずつ復興が始まっているようです。盆の墓参りか車の往来も多く、人々の表情は明るく見えます。

更に南下し、被害の大きかった大船渡駅周辺を通りました。数年前にも来ましたが、かつての賑わいはなく、沈下した土地に海水が溜まっていました。かさ上げされた道路だけが印象的で、鉄路復旧のめどが立たなければ街の再生も難しそうです。

陸前高田市に入ると、昨年と変わらず、積み上げられた瓦礫が目に入ってきました。奇跡の一本松の周辺には多くの帰省客、観光客が集まっていました。何もない海岸にしっかりと立っている姿に希望を感じます。１億円以上かけても保存しようとする陸前高田市民の気持ちが、ここに来て初めて分かるような気がしました。

復興にはまだ遠いけれど、どうにかしようとしている人たちは確実にいます。その人たちをしっかりと応援したいと、改めて思う今回の視察でした。

第四章　あじさい都市構想へ

4・1　景観まちづくり活動から

私は市長になる前、建築設計事務所の代表を務めていました。その傍ら、建築士会や建築家協会などの団体を通して景観まちづくり活動を行っていました。まちの景観を損ねているのは建築に携わっているものの責任だと思っていたからです。NPOとしての活動が始まった頃、主に景観まちづくり活動を目的とした団体である、きたかみDESIGNネットワークの立ち上げに関わり、事務局を務めていました。その中で中心的なテーマになっていたことは、中心市街地の衰退であり、結果としてシャッターと駐車場が目立つ貧相な景観、という問題でした。

中心市街地の衰退を学ぶうちに、とある都市論にたどり着きます。それが「コンパクトシティ」の考え方です。そのモデルとも言える場所が沢内村（現西和賀町）の長瀬野地区にあることを知りました。車で一時間もかからない距離です。そこは豪雪によって冬季の移動が困難で、一つの集落がまとまって居住する地域で、現地を見ながら、さらに学びを深めていくことになったのです。海外事例なども含めて学習会を重ねるうちに、都市を歩

郵便はがき

料金受取人払郵便

新宿局承認

2524

差出有効期間
2025年3月
31日まで
（切手不要）

1 6 0-8 7 9 1

141

東京都新宿区新宿1－10－1

(株)文芸社

愛読者カード係 行

お名前《ふりがな》		明治 大正 昭和 平成 年生 歳
ご住所《ふりがな》	□□□-□□□□	性別 男・女
お電話番号	（書籍ご注文の際に必要です）	ご職業
E-mail		
ご購読雑誌（複数可）		ご購読新聞 新聞

最近読んでおもしろかった本や今後、とりあげてほしいテーマをお教えください。

ご自分の研究成果や経験、お考え等を出版してみたいというお気持ちはありますか。

ある　ない　内容・テーマ（　　　　）

現在完成した作品をお持ちですか。

ある　ない　ジャンル・原稿量（　　　　）

書　名			
お買上 書　店	都道　　　　市区 府県　　　　郡	書店名	書店
		ご購入日	年　　月　　日

本書をどこでお知りになりましたか?

1.書店店頭　2.知人にすすめられて　3.インターネット(サイト名　　　　)

4.DMハガキ　5.広告、記事を見て(新聞、雑誌名　　　　)

上の質問に関連して、ご購入の決め手となったのは?

1.タイトル　2.著者　3.内容　4.カバーデザイン　5.帯

その他ご自由にお書きください。

(　　　　)

本書についてのご意見、ご感想をお聞かせください。

①内容について

②カバー、タイトル、帯について

弊社Webサイトからもご意見、ご感想をお寄せいただけます。

ご協力ありがとうございました。

※お寄せいただいたご意見、ご感想は新聞広告等で匿名にて使わせていただくことがあります。

※お客様の個人情報は、小社からの連絡のみに使用します。社外に提供することは一切ありません。

■書籍のご注文は、お近くの書店または、ブックサービス(0120-29-9625)、セブンネットショッピング(http://7net.omni7.jp/)にお申し込み下さい。

いて暮らせる範囲で区切り、それぞれの特徴に合わせて整備していこうという考え方、いわゆるタウンビレッジ構想にたどり着きました。あじさい都市構想の原型ともいうべき考え方です。早速、提言書をまとめて、当時の伊藤彬北上市長に提案したのが２００２年です。しかしながら、その後全く行政からの反応はありませんでした。まさに時期尚早だったのでしょう。でも、私たちは諦めませんでした。このまま中心市街地の崩壊を見過ごすことは建築に携わるものとして恥ずかしいこと、との思いで行政担当者を誘い込んで、毎年、コンパクトシティをテーマにしたシンポジウムを開催することになりました。その回数を重ね

景観まちづくり活動

るうちに、徐々にコンパクトシティの考え方は行政担当者の間に広まっていきました。

しかしその一方で、私は、コンパクトシティでは地方都市の衰退を防ぐことはできないのではないかと思い始めたのです。なぜなら、コンパクトシティを進めることは、同時に市周辺部の地域コミュニティの衰退を招くと考え始めたからです。そんな時に目に入ったのが、国土交通省の公募型委託事業である「『新たな公』によるコミュニティ創生支援モデル事業」でした。私はこの事業が国、県、市、地域がこれからの地域コミュニティのあり方を、ひいては地方都市のあり方を議論する絶好の機会になるのではないかと考えました。私たちはこの事業に「元気な地域の『かたち』創造ワークショップ」と名付けて応募しました。そして運良く採択されました。その成果が「あじさい型集約都市」の提言につながる訳ですが、提言の内容については「第五章　持続可能な都市像」で詳しく申し上げたいと思います。

4・2　コンパクトシティへの疑問

ここで少しコンパクトシティについての考え方を整理しておきたいと思います。コンパクトシティについて、名城大学教授の海道清信氏は、その著書『コンパクトシティ』の中でこう述べています。「コンパクトシティは、サスティナブルな都市の空間形態として提起されたEU諸国で推進されている都市政策モデルであり、都市空間の概念である」。では、その形はどのようなものなのでしょうか。ウィキペディアでは次のように表現しています。「コンパクトシティとは、都市的土地利用の郊外への拡大を抑制すると同時に中心市街地の活性化が図られた、生活に必要な諸機能が近接した効率的で持続可能な都市、もしくはそれを目指した都市政策のことである」。欧米では中心市街地の衰退を防ぐために古くから取られていた政策ですが、日本ではどうでしょうか。日本のコンパクトシティ政策について、福島大学名誉教授、鈴木浩氏は、その著書『日本版コンパクトシティ』の中で次のように述べています。「欧米におけるコンパクトシティは、周辺の農村や郊外地域と、明確な境界が存在していて、市街地が染み出すことについてのコントロールが効いていた。わが国では、市街地の圧力が周辺の農村部に拡散していくことをどうコントロールできるかが大きな課題である」。

　私たちは、きたかみDESIGNネットワークの活動として「次世代都市きたかみ創造ワークショップ」を2年間にわたって開催し、コンパクトシティの考え方を行政や関係団体、市民と共有する機会を設けました。その中でまちづくりシンポジウムを開催し、基調講演において宮城大学の横森豊雄教授から、これまでの地方都市が歩んできた方向性の問題点が指摘されました。そして、今後の都市政策、いわゆるコンパクトシティの考え方をどう取り入れるかを、富山市、福島市、青森市等を例にタウンマネジメント人材の重要性などを提言してもらいました。またこのシンポジウムに先立って口内小学校の児童たちと実施した、まちづくりワークショップの報告を市長への提言と題して行いました。口内小学校の児童は、市最東端の地区としてかつてその中心だった街並みについて、街路を蛇行させるなど、

安全に楽しめる再生案を模型で制作し、その成果を発表しました。空き地を活用した魅力的な広場もあり、まちづくりワークショップを通して、子供たちが自分たちの魅力的な居場所を創造できた様子が伝わる素晴らしいプレゼンテーションでした。きたかみDESIGNネットワークからは次世代都市の交通システム、中心市街地モデル、田園地区モデル、都市居住デザインをコンパクトシティの考え方に沿って具体的に提案しました。この活動によって行政関係者や関係団体、企業の皆さんにはコンパクトシティを具体的に理解してもらったのではないかと考えています。

しかしなお、市民全般への浸透はまだまだであり、北上市のように中山間地も多く、旧町村単位の地域コミュニティで構成されている都市に馴染むのかどうかはまだ疑問の残る状態でした。この疑問が、後のあじさい都市の提案につながったのだと思います。

4・3　元気な地域の「かたち」

景観まちづくり活動から持続可能な都市のかたちとしてのコンパクトシティの学びを深

めた私たちは、さらにコンパクトシティへの疑問を膨らませながら、２００８年度の国土交通省委託公募事業・「新たな公」によるコミュニティ創生支援モデル事業である「元気な地域の『かたち』創造ワークショップ」を実施することになりました。私はこの事業を使って16地区の住民の皆さんと将来の地域像を一緒に考える機会にし、それが果たしてコンパクトシティなのかどうかを試してみようと思った訳です。この事業は、16地区を回って、30年後の２０４０年に自分たちの地域がどうあって欲しいのか、生活に必要な都市施設をマップに落とし込みながら議論し、それを地域の将来像にしようとするものでした。

元気な地域の「かたち」創造ワークショップ

ただし、一つだけ条件がありました。それは車を使った移動ができないという縛りでした。地方都市の衰退に結びついた一つの要因が過度のモータリゼーションにあったことを考えたものです。参加者は車を使えないという制約にやや戸惑いながらも、各テーブル毎に必要と思われる都市施設を必要な場所に配置していきました。最後に全ての班の計画図を一つに落とし込むといった簡単な作業のワークショップで、終了後それぞれ感想を述べ合うというものでした。

結果は各地区とも一つから二つの地域拠点がマップ上に形成されました。都合で開催できなかった地域もありましたが、全体の80％を超える、13地区の結果が出そろいました。それを市全体の都市計画図に落とし込み、大学教授やまちづくり実践者などからなるアドバイザー会議で議論を重ねながら、それぞれの地域に様々な形の拠点があって、都市の拠点によってそれらが支えられるイメージが出来上がりました。そのイメージが様々な色や形にクラスター状に咲くあじさいを想起させたことから、あじさい型集約都市というネーミングになったものです。後に国土交通省が提唱する「コンパクト・プラス・ネットワーク」の考え方がここに生まれたのではないかと思います。ただし、アドバイザーの提言には、ハード面に加えて、まちづくりというソフト面の整備やサポートも重要だとの指摘がありました。それがあじさい都市の大きな特徴である三つ目の戦略「まち育て戦略」に結びつくことになりました。

4・4 都市マス地域別構想へ

２０１１年からの総合計画策定ではあじさい都市への具体的アジェンダを示すことはできませんでしたが、翌年に策定した都市計画マスタープランには理念を盛り込むことができました。そして、今まで都市計画マスタープランに掲載したことがなかった地域別構想を策定することになったのです。２００９年に行った元気な地域の「かたち」創造ワークショップと同様に、16地区全てを訪問し、地域拠点を地域自らが決めるワークショップを市として正式に行うことになったのです。市長として初めてあじさい都市構想を展開するチャンスが得られた訳です。私は改めてあじさい都市とは何か、16地区をはじめ企業や各団体に説いて歩きました。しかしまだまだ地域の皆さんはピンときていなかったようです。特にまちなかには生活に必要な機能がある程度備わっていたため、改めて計画する必要がないと感じていたのかもしれません。

しかしながら、車を運転できない高齢者や子供たちにとってはまちなかであっても不便を強いられていましたし、まちなかは都市全体を支える拠点としての機能も求められていましたので、本来であればまちなかに住まう住民が中山間地など周辺地区の住民のことまで配慮するプログラムであれば、なお良かったのかもしれませんが、そこまで成熟してはいなかったと反省しています。地域における都市マス地域別構想づくりも、以前の元気な地域の「かたち」創造ワークショップのようにスムーズにはいきませんでした。実際の計画となると、生活に必要な都市機能の全てを自分たちの地

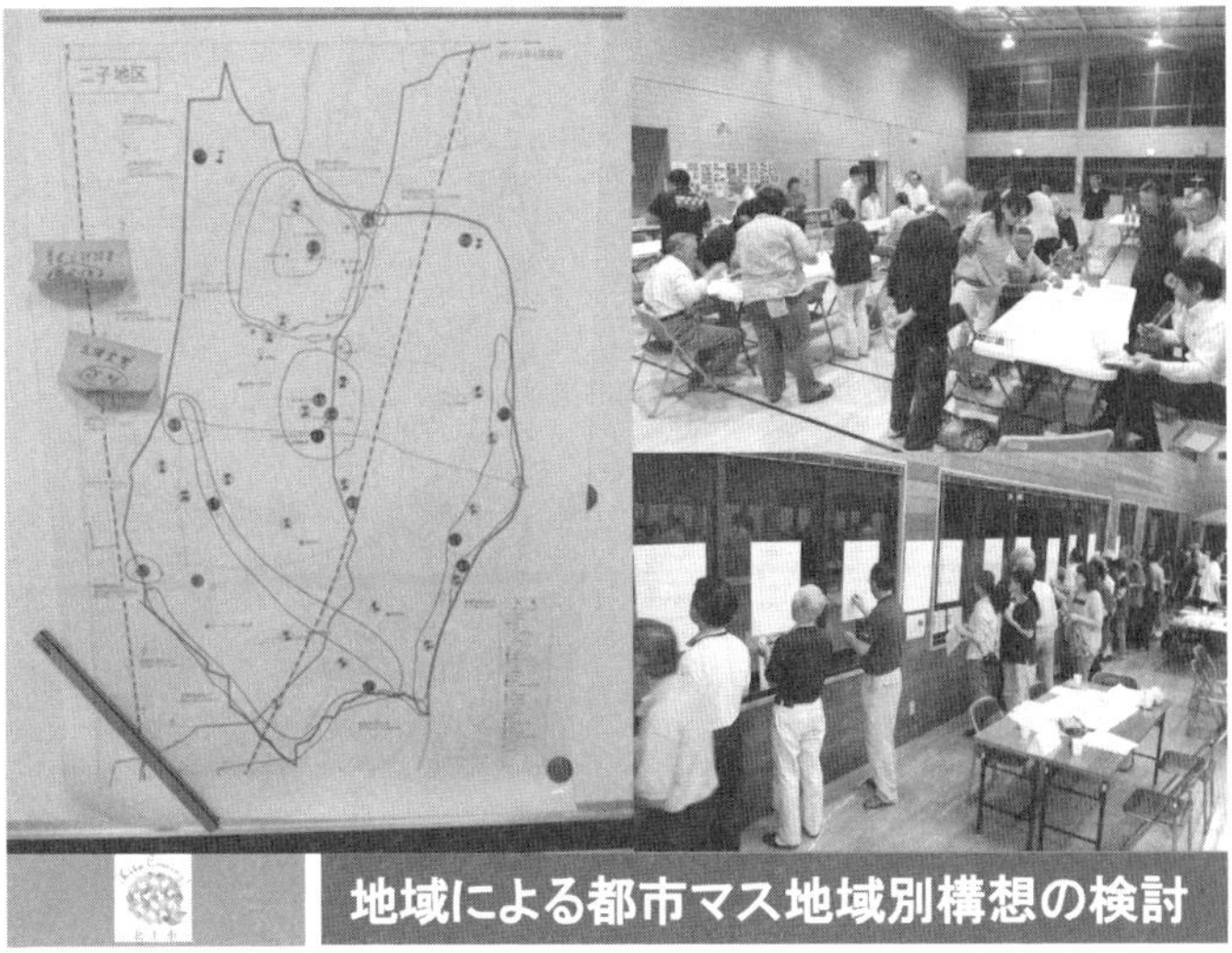

域に配置しようとしたからです。つまり、欲しいと思った都市施設であっても、自分たちだけで維持できるだけの利用者を確保できないという現実を直視できなかったと言えます。この際、あれもこれも、という欲が出てしまい、今ないものまでをも地域拠点に求めようとしたのです。また、車を使った移動をどうしても払拭することができず、車移動を前提としてしまったためにエリアを広く取りたがるなど、様々な問題点が浮き彫りになりました。理解が得られるまで、相当の時間とエネルギーを要したと記憶しています。現在は地域拠点をいかにして整備していくか、２０２１年からの地域計画を策定し、実行し始めているところです。

地域によってはまだまだ手探りのところもありますが、２０３０年までにはそれぞれの方向性が目に見えてくるものと期待しています。あじさい都市が地域それぞれに美しい花を咲かせるにはまだまだ時間を要するとは思いますが、そのプロセス自体が地域に対する市民の誇りを生み出すことになりますし、その資質は地域に十分に備わっていると思っています。今後の地域の変化を大いに期待したいと思います。

Kita Coming!

北上市

珈琲ブレイク 6（北上市広報　平成26年11月28日号掲載）

人口減少時代のまちづくり

増田寛也前岩手県知事が座長を務める日本創成会議が今年6月に示した、各自治体の将来人口推計値は、消滅可能性自治体の公表とともに全国に大きな衝撃を与えました。それを機に国は人口1億人の維持や東京一極集中の抑制など、経済財政運営と改革の基本方針を示し、少子化と人口減少に歯止めをかける政策の司令塔となる本部の立ち上げを閣議決定しました。それが9月に立ち上げられた「まち・ひと・しごと創生本部」です。その基本目標は「地方が成長する活力を取り戻し、人口減少を克服する」ことであり、若い世代の就労・結婚・子育ての希望の実現、「東京一極集中への歯止め」、地域の特性に即した課題の解決が基本的視点としてあげられています。

これらに共通して謳われているのが「コンパクトな拠点とネットワーク」です。これは言うまでもなく市が進めている「あじさい都市」のことであり、増田氏の講演などでも当市のまちづくりが事例として紹介されています。ここで言うネットワークとは道路や公共交通などのインフラだけではありません。隣接都市や隣接地域との役割分担や活発な人・もの・情報の交流も含まれます。だから主体となる自治組織や基礎自治体の自治力が重要なのです。市が自治基本条例や地域づくり組織条例を制定したのもそのためです。当市では現在、人口減少地域を中心に定住化促進のための施策を公募し、口内地区をはじめ準備ができた地区から国に先行するかたちで事業を実験的に始めていますが、本来であればフランスやスウェーデンなどのように国を挙げて対応することが求められると思います。一部地域の取り組みが国を動かすプロジェクトとなる可能性もあり、これから5年間実施される人口減少地域の定住化促進事業をぜひ一つでも多く成功させたいものだと思います。

第五章　持続可能な都市像

5・1　あじさい都市とは何か

２００９年2月、私たちいわてNPO－NETサポートは北上市との共催で「元気な地域の『かたち』創造フォーラム」と題してあじさい型集約都市を緊急提案しました。16地区では２０１１年から始まる総合計画に合わせてそれぞれの地域計画を策定し始めており、その計画には、あじさい都市の考え方を少しでも多く盛り込みたいと考えたからです。当時の伊藤彬市長にもご出席いただき、冒頭、次期総合計画に向けて持続可能なまちづくりが求められる旨のお話をいただいたことで、大いに期待したことを覚えています。当時、総合計画の策定には私もNPOの代表として深く関わっておりましたので、市長をはじめ、担当職員などからある程度の共感は得られたものの、総合計画の策定に関わっていた、各界を代表する団体などからはまだまだ充分な理解は得られませんでした。

その後、私が市長として地域や団体から機会をいただく度に、あじさい都市について、繰り返し繰り返しお話をさせていただきましたので、徐々に理解が広がったものと思います。本格的に総合計画へ実装になったのは２０２１年から始まった現在の総合計画ですので、提言から10年以上の歳月を要したことになりますし、建築関係団体としてタウンビレッジ構想を提言したのが２００２年ですので足掛け20年を要したことになります。

　さて、ここで改めてあじさい都市とは何か、整理しておきたいと思います。あじさい都市とは30年後の２０４０年を目標に、北上市及びそれを構成する16地区が元気であり続けるための都市の「かたち」を表現したものです。16地区それぞれに歩いて暮らせる範囲を地域拠点として、それを支える都市の核を都市拠点として設定し、都市機能を集約しながらそれぞれを情報と交通のネットワークで結ぼうという構想です。

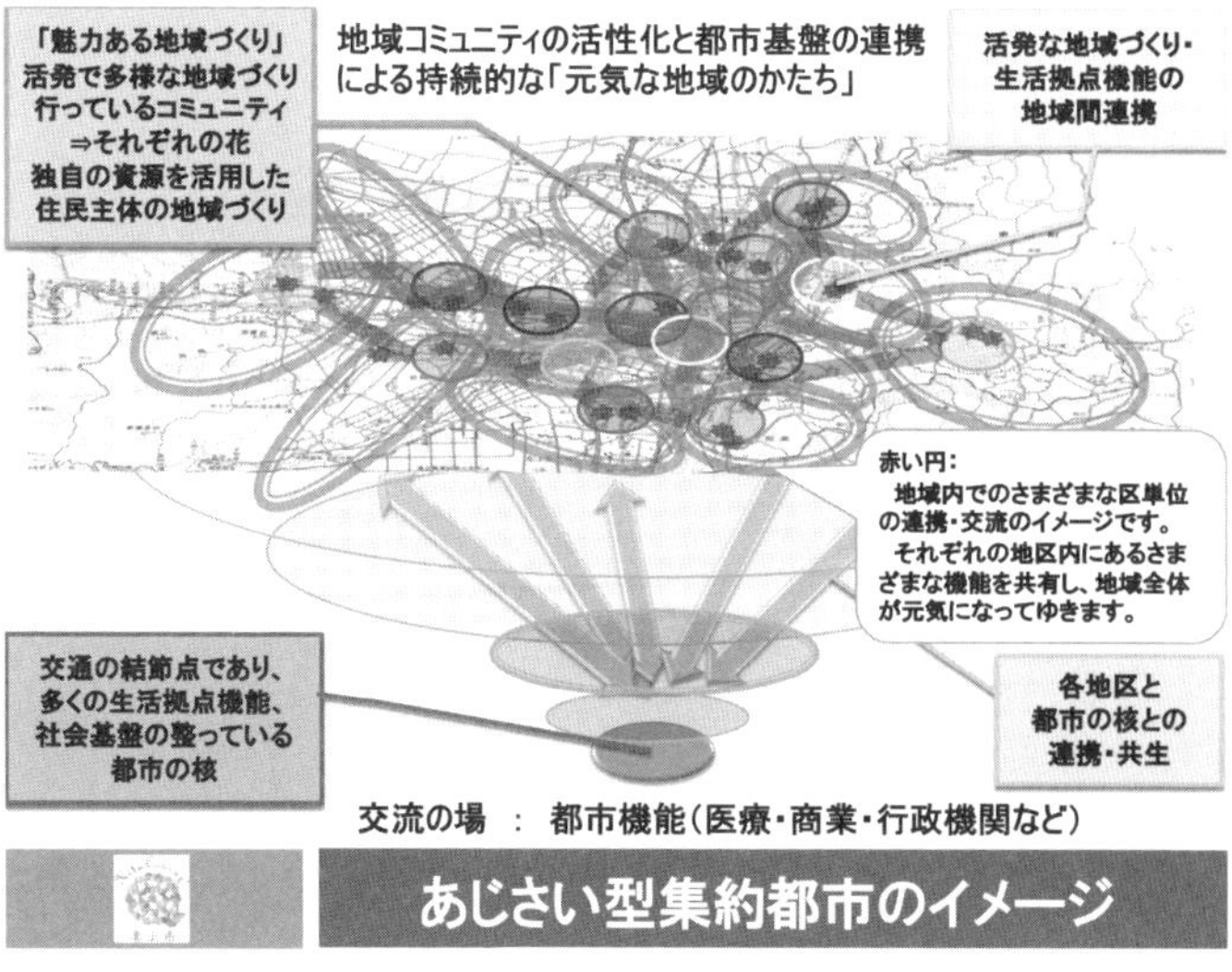
「魅力ある地域づくり」
活発で多様な地域づくり
行っているコミュニティ
⇒それぞれの花
独自の資源を活用した
住民主体の地域づくり
地域コミュニティの活性化と都市基盤の連携
による持続的な「元気な地域のかたち」
活発な地域づくり・
生活拠点機能の
地域間連携
赤い円：
地域内でのさまざまな区単位
の連携・交流のイメージです。
それぞれの地区内にあるさま
ざまな機能を共有し、地域全体
が元気になってゆきます。
交通の結節点であり、
多くの生活拠点機能、
社会基盤の整っている
都市の核
各地区と
都市の核との
連携・共生
交流の場　：　都市機能（医療・商業・行政機関など）
あじさい型集約都市のイメージ

現在、日本中で起きている交通事故の多くが高齢者によって引き起こされていることはご承知のことと思います。運転免許を持たない高齢者や子供たちも、自分の意思で様々な都市施設を利活用できれば、これほど嬉しいことはありません。だから、日常的に利用したい都市施設をできるだけ拠点に集めようというのが基本的な考え方です。さらに拠点以外のエリアについては緩やかに開発をコントロールすることで違いを明確にし、バス路線などを中心に利用促進を図り、公共交通を守っていこうとするものです。

これまで、過度のモータリゼーションの中で郊外型の都市開発が進み、既存インフ

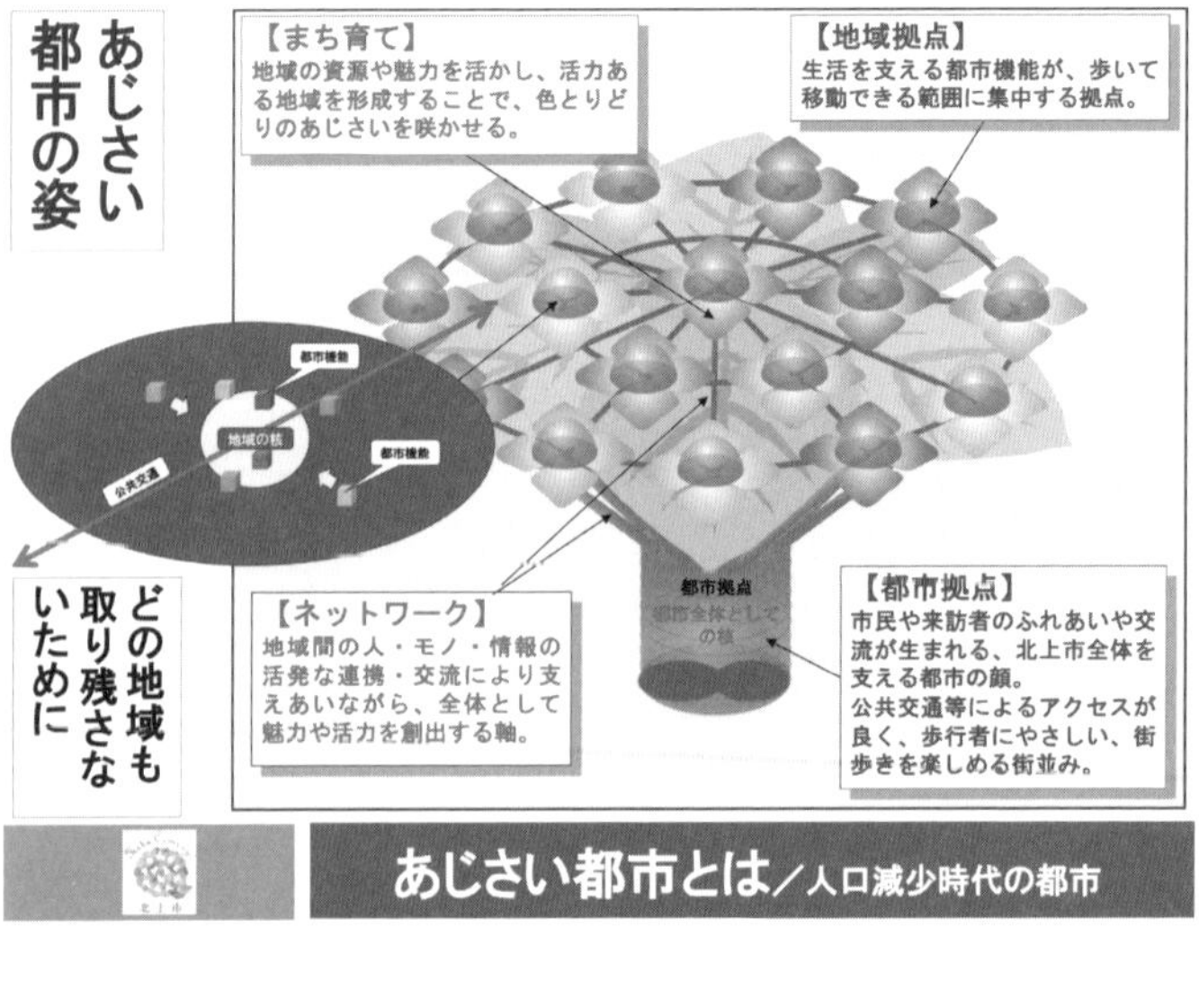

あじさい都市の姿
【まち育て】
地域の資源や魅力を活かし、活力ある地域を形成することで、色とりどりのあじさいを咲かせる。
【地域拠点】
生活を支える都市機能が、歩いて移動できる範囲に集中する拠点。
都市機能
地域の核
都市機能
公共交通
どの地域も取り残さないために
【ネットワーク】
地域間の人・モノ・情報の活発な連携・交流により支えあいながら、全体として魅力や活力を創出する軸。
都市拠点
都市全体としての核
【都市拠点】
市民や来訪者のふれあいや交流が生まれる、北上市全体を支える都市の顔。
公共交通等によるアクセスが良く、歩行者にやさしい、街歩きを楽しめる街並み。
あじさい都市とは／人口減少時代の都市

ラが維持できない状態にまで地方都市の衰退が進んでまいりました。ヨーロッパなどではこのことにいち早く気づき、いわゆるコンパクトシティの考え方のもとに都市拠点に都市施設を集中させ、居住も集中させるべく都市開発をコントロールしてきました。しかし日本の地方都市は小規模農業者が、いわゆる兼業という形で中山間地域を維持してきました。当北上市も多くの立地企業には兼業農家の若者が就職し、企業活動と地域コミュニティを維持してきたのです。欧米型の規制重視による一極集中型都市政策は受け入れられるはずがありません。私はこのことが住民意識の中にあるのではないかと思い、それを確認するために「元気な地域の『かたち』創造ワークショップ」を企画した訳です。加えて、地域それぞれが異なる性格の拠点を計画し整備するためには、地域住民の理解と自発性、そして行動が欠かせないと考えました。とても行政の力だけでは、多様な地域拠点の整備はできないと考えたからです。そこで、先のアドバイザー会議で指摘されたまちづくりのソフト戦略、いわゆるまち育て戦略が必要になってくるのです。その点が、後に国土交通省が提唱した「コンパクト・プラス・ネットワーク」のコンパクトシティとは異なるところだろうと考えています。

5・2　あじさい都市への基本戦略

あじさい都市構想には「拠点戦略」「ネットワーク戦略」「まち育て戦略」の三つの戦略があります。

「拠点戦略」では、地域コミュニティ毎に16ヶ所の地域拠点とそれを市全体から支える2ヶ所の都市拠点の整備を想定しています。地域拠点は地域自らが歩ける範囲を想定して拠点を設定し、現存する都市施設はその更新時期をめどに拠点に移設します。ここのポイントは更新時期にあります。現存する都市施設を使い切ってから必要に応じて地域拠点内に設置しようというもの

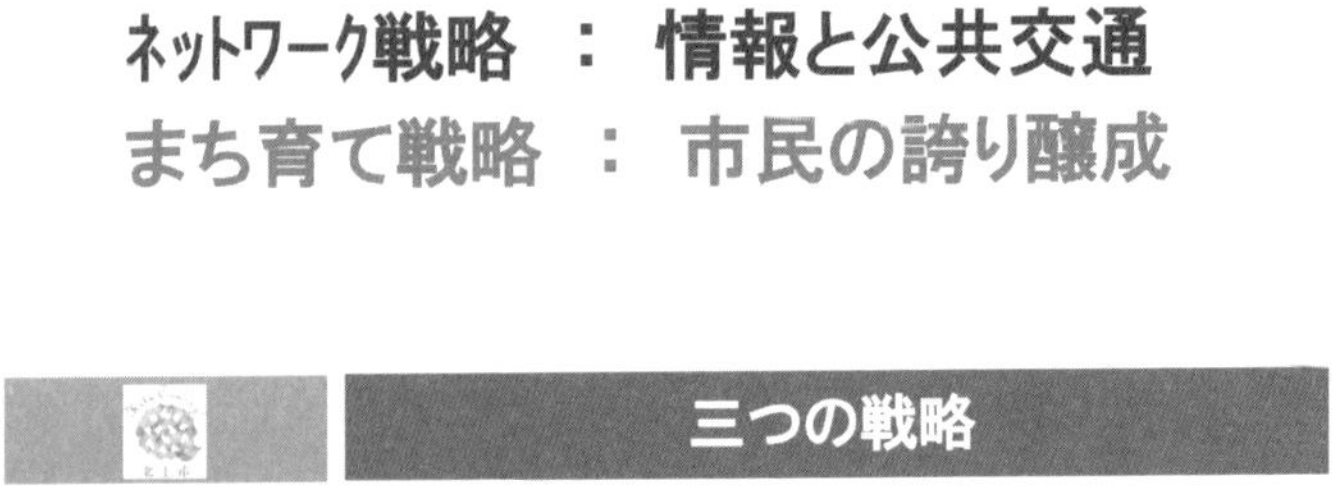
【　あじさい都市への三つの戦略　】
拠点戦略　：　都市拠点と地域拠点
ネットワーク戦略　：　情報と公共交通
まち育て戦略　：　市民の誇り醸成
三つの戦略

で、だから30年の期間が必要になるのです。当然ながら、計画に沿った整備の場合は行政が全面的に支援しなければなりません。また、今ある都市施設でも、今後利用されなくなれば維持が困難です。このことは計画時に住民自らが考え、将来もその施設が必要ならば、利用促進など、住民の力で施設を守り育てる努力をする必要があるでしょう。小学校などの教育施設は子供たちが少なくなれば複式学級や場合によっては統合も余儀なくされるかもしれません。

このように、自分たちで設定した地域拠点を今後どう守り育てていくのかを地域自ら考えることはとても重要になってきます。一つの地域拠点だけでは維持できない、または立地させることができない都市施設もあると思います。例えば総合病院、専門医の診療所、ショッピングセンターなどがそれにあたります。それらを設置させながら、各地域拠点を市全体で支える機能を持つのが都市拠点です。北上市の都市拠点は中心市街地のある北上駅から本通りまでを中心としたエリアと合併前の江釣子村の商業拠点であった江釣子ショッピングセンターを中心としたエリアの２ヶ所を設定しました。都市拠点には各地域拠点では用意できない市全体を支える都市機能が設置されなければなりませんが、これは民間の力を借りながら、行政が責任を持って行う必要があると考えています。

「ネットワーク戦略」では主に情報と公共交通の整備を進めます。それぞれの地域拠点によっては成り立ちにくい都市施設があります。それを補うためには利用しやすい公共交通網と情報ネットワークが必要です。例えば、北上市には診療所のない地区が半分の8地区あります。それぞれの地区に診療所を設置することは物理的には可能ですが、肝心の医師が不足しています。また、全ての地区に診療所を建設する費用も莫大です。ここで発想の転換が必要になります。地区に必要な都市施設がない場合はネットワークをうまく活用するしかありません。患者の移動を担う公共交通を使いやすいものにする、あるいは、遠隔診療がで

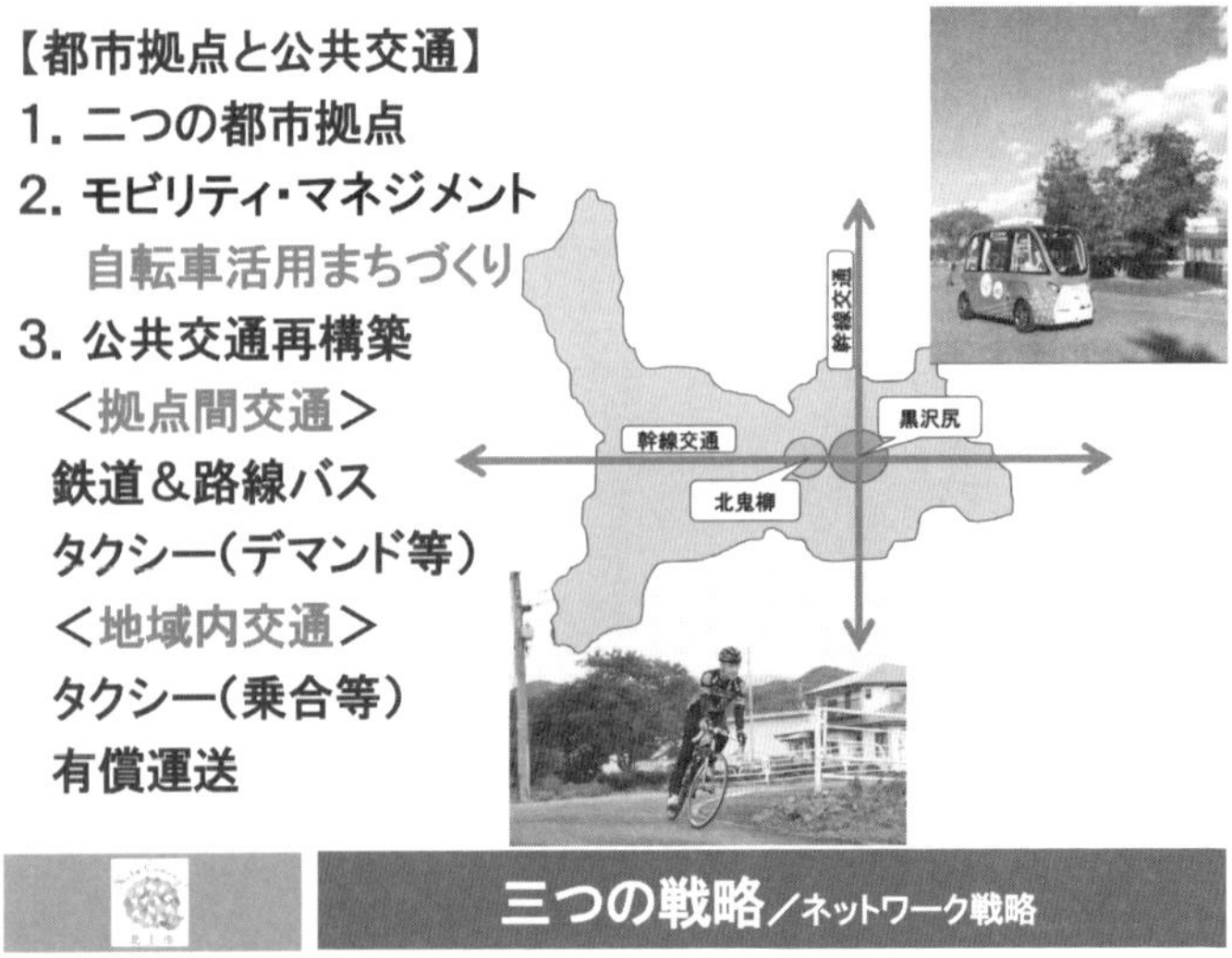

きる通信環境を整備することも考えられます。さらには、都市施設そのものを移動可能なものにし、地域に届けるという方法もあるでしょう。また、地区のあらゆる場所から地域拠点にアクセスするための交通手段、いわゆる二次交通も考えなければなりません。このような構成要素を誰がどう整備し維持していくのか、地域と行政、関係団体がよく協議しながら戦略的に取り組む必要があります。

「まち育て戦略」では主に地域拠点を自分たちの使いやすい環境にどうすればできるのか、地域拠点外の住民をどう公共交通にアクセスさせるかなど、その地域の特徴を生かしながらまちづくりに取り組む必要があります。それは行政職員はもちろんのこと、他の地域の住民では考えることができません。自ら地域計画策定などと併せて戦略を立てる必要があるのです。

「まち育て戦略」についてはあじさい都市の要の戦略となりますので、「第六章　あじさい都市構想の実践」で改めて紹介します。これら三つの戦略にはそれぞれ行政と地域の役割があります。それを踏まえて連携して取り組むことができれば、２０４０年にはきっと持続可能な地方都市が出来上がっていることでしょう。

珈琲ブレイク 7（北上市広報 平成25年12月27日号掲載）

初めての輪行《りんこう》

今春から始めたサイクリングも、そろそろ冬眠に入る時期になりました。半年でほぼ市内の全ての地区を回りましたが、和賀地区では仙人と岩沢がまだ残っていました。私も妻も長い上り坂は少々苦手で、仙人まで輪行することにしました。輪行とは自転車を専用バッグに入れて、公共交通機関を利用して移動することです。11月下旬にしては穏やかな日曜日、絶好のサイクリング日和になりました。JR北上線に乗ったのは何年ぶりでしょうか。和賀仙人駅が意外に近く感じました。輪行は今回が初めてで、外していた前輪の取り付けにだいぶ苦戦したものの、なんとかスタートすることができました。沿道では地域の人たちが冬支度の作業をしていましたので、所々立ち寄りながら和賀の松島へ。地域の皆さんが大切にしている景観資産の綱取断層とダム湖、そして崖上の松林、まさに松島。本当に美しい眺めです。さらに岩沢にある多聞院伊澤家住宅へ。「人生下り坂最高」という某テレビ番組のフレーズを思い出しました。

多聞院伊澤家は、江戸時代に住み着いた修験者の屋敷であり、国指定の重要文化財になっています。これをどう保存し、活用していくのかが大きな課題になっています。地域で庭の池に中尊寺ハスを植え、毎年、中尊寺貫首をお招きして青空法話の会を開催したり、春には山菜を食べる会も開催しています。頑張っている地域の思いはぜひ実現させたいものです。

伊澤家を過ぎ、山口を通って和賀西小学校付近の民家風のそば処へ。ある人からこのそばは絶品だよと聞いていましたが、まさにその通りでした。

翌週、最後となった臥牛まで走り、市内全地区を制覇することができました。自転車を使うとそれぞれの地域の素晴らしさが本当によくわかります。また、来年も全地区制覇を目指して走りたいと思います。

5・3　あじさい都市への誤解

私が市長に就任したことによって、あじさい都市構想は実質的なスタートを切りました。しかし初めは、地域や議員から多くの疑問が寄せられました。その多くは、あじさい都市はベースがコンパクトシティであり、結果として中山間地域は見捨てられるのではないか、という不安であり、そもそも地域の整備は行政が主体で行うべきものではないのか、それを地域住民に丸投げしようとしているのではないか、というものでした。ここまでお読みいただいた皆様は、その回答はすでにおわかりのことと思いますが、改めてその疑問に答えるべく、課題を整理しておきたいと思います。

過度のモータリゼーションによって都市の中心部は車の流れが滞り、結果として多くの都市では、郊外に新たな道路、いわゆるバイパスが造られました。同時に、そこにあった多くの都市施設は郊外に移転し、中心部が空洞化し始めました。バイパスに多くの都市施設が張り付くと、今度はバイパスの車の流れが悪くなり、さらなるバイパス化が求められるようになりました。いわゆるリボン開発と言われる状態です。一方で、かつての中心市街地は主要な都市施設が郊外に移転したために、商店を中心に廃業が進み、シャッターと駐車場だらけの殺伐とした都市景観に変貌していきました。中山間地域は日常の買い物をする施設さえ消えてしまう状態になり、車を持たない子供や高齢者は不便な生活を強いられることになったのです。すでに整備が進んでいる都市中心部のインフラ活用がまだ半ばにも拘らず、開発が進む郊外に新たなインフラ整備が求められました。これは都市構造にとっては非効率的な状態と言わざるを得ません。これはヨーロッパなどではすでに経験していた都市衰退のプロセスであり、その対策としてコンパクトシティの考え方が生まれ、様々な政

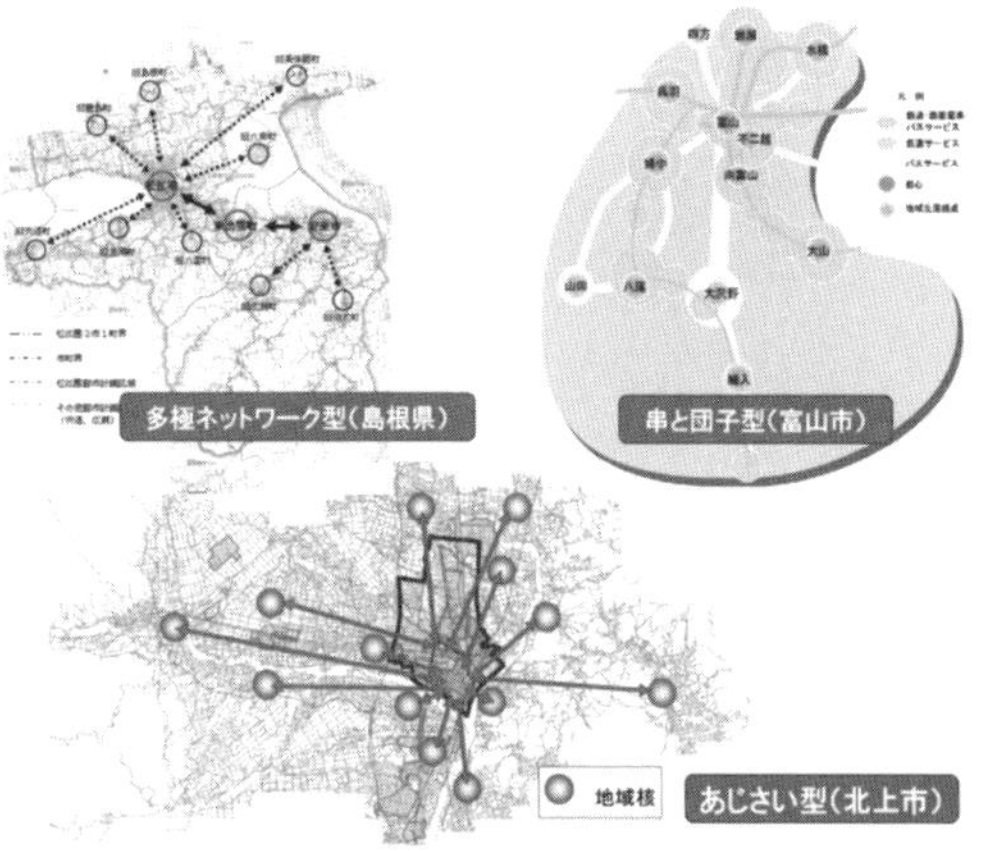

一極集中の誤解を招いた目指すべき都市構造(H25.7報告)の事例

国交省都市再構築戦略検討委員会より

策が進められました。日本でも近年このことは議論されてきた訳ですが、私たちがあじさい都市を提案した時点では、市民レベルの理解はまだまだだったと感じています。

その理由の一つとして挙げられるのはまちづくり教育です。ドイツなどでは小学校でもまちづくり授業が行われ、都市のあるべき姿を子供のうちから学んでいますので、いち早い対応ができているように見受けられます。日本では残念ながら未だにまちづくり教育が進んでいません。かつて仙台市の建築関係団体が主催で、子供たちによるまちづくりの国際ワークショップが開催されました。レイクサイドのまちづくりではヨーロッパの子供たちは景観を重視し、湖から充分な距離をとって、高さの低い建築物を計画したのに対して、日本の子供たちは湖に近接して高い建物を計画していた、との報告がありました。また、ドイツなどでは大型ショッピングセンターの郊外立地は正しい選択ではないこともすでに学んでいたようです。子供の頃からのまちづくり教育がいかに重要かが垣間見られる事例だったと思います。

一方我が国では、既存のインフラ活用が重要なことはわかっているつもりでも、いざ施設を建設するとなれば、車でアクセスしやすい郊外を選択してしまうのではないでしょうか。コンパクトシティは行政が規制と誘導でまちづくりの方向性を修正しようとする都市政策ですが、日本、特に地方ではそう単純にはいかないようです。それは、周辺部が取り残されてしまうのではないかという不安が強いからです。このような意見は、当初、議会でも数多く取り上げられました。私は、これは市民の正直な思いだろうと理解しました。だからこそ、16地区全てを取り残さない「あじさい都市」を進めなければならない、ということを改めて確信し、繰り返し、各地区を説いて回りました。そして、そのためには地域コミュニティの高度な自治意識を構築する必要があり、すなわち三つの戦略の中でも「まち育て」が最も重要であることを申し上げてきた訳です。

5・4　それぞれに咲く地域の花

1991年に三市町村が合併して誕生した北上市ですが、当時の高橋盛吉市長はある対談の中でこれからの北上市について次のように述べています。「合併したから一色になるというのではなく、私はいつも『アジサイ』と言っていますが、小さな色々な色あいの花が集まって大輪の花になるアジサイの花のように、それぞれのコミュニティが特色を持ってやっていけば、全体の器がいくら大きくなってもどうということはない」

ある議員は、地域拠点内にあるべき都市施設の地域間の格差をことさら問題視していました が、私はあじさい都市戦略の基本は「異質連担」だと考えています。それぞれが個性を持ちながら違いを認め合い、足らざる部分は互いに補い合うという意味です。そのために三つの戦略の一つである、ネットワーク戦略を最大限に活用しながら、地域独自の、あるいは個々人のライフスタイルを構築することが重要なのだと思っています。

かつて縦横に走っていた路線バスも利用者が減り、撤退を余儀なくされています。各地区にあった診療所も採算が合わず、これも少しずつ消えていきました。商店も然りです。全て、人々が利用しなくなったために消滅していったものばかりです。人々が意識的に利用を続けていればおそらく今でも存続していたに違いありません。衰退は私たちの行動の結果だということを改めて知る必要があります。その上で、今、身近にある都市施設がなくならないようにするために、私たちがどう行動すれば良いかを伝えているのではないでしょうか。地域拠点の整備に「まち育て」はなくてはならない戦略なのです。

Kita Coming!

北上市

珈琲ブレイク 8（北上市広報 平成26年1月24日号掲載）

あじさい都市

「あじさい都市」は、北上市が目指そうとしている理想都市の呼称です。まちなかを中心として、活力ある地域コミュニティが結び付く姿をアジサイの花に例えています。

国が成長期にあるときは、経済も人口も右肩上がりで、都市の市街地も拡大を続けてきました。しかし、我が国はしばらく前から成熟期に入っており、既に多くの都市は人口減少期に入っています。それでもなお今まで、多くの地方都市は市街地拡大傾向に有効な防止対策を打てず、既存のインフラを無駄にし、新たなインフラづくりに追われているのです。これでは、今後、住民へのサービスが先細っていくのは目に見えて明らかです。ヨーロッパやアメリカなどの先進都市では、半世紀も前にこのことに気付き、市街地の拡大を防ぐ、いわゆるコンパクトシティの政策を進めており、近年、我が国でも国土交通省を中心に都市政策の転換を図りつつあります。昨年7月、国土交通省に設置された都市再構築戦略検討委員会の中間報告で、北上市が進めようとしている「あじさい都市構想」が地方都市のあるべき姿として富山市の「串と団子型」などの事例と共に紹介されておりました。

「あじさい都市」は単なる一極集中のコンパクトシティではありません。北上市の場合、市を構成する16地区それぞれに地域拠点を持ち、それぞれが意志を持って輝きを放つコミュニティとして咲く姿です。

平成3年、旧北上市・和賀町・江釣子村が合併し、今の北上市となりましたが、当時の高橋盛吉市長は新市をアジサイの花に例えて、3地域の発展を夢見ていました。「人それぞれ　地域もそれぞれ　それぞれに咲く　アジサイの花の如くに」という言葉がありますが、それぞれの地域がアジサイの花のように多彩に咲き誇る姿、そんな北上市の未来をみんなで創造していきたいものです。

第六章　あじさい都市構想の実践

6・1　まち・ひと・しごと創生

２０１４年5月、「日本創成会議（座長増田寛也前岩手県知事）」人口減少問題検討分科会は、２０４０年までに全国約１８００市町村のうち約半数（８９６市町村）が消滅する恐れがある、と発表しました。２０４０年は奇しくも北上市が目指しているあじさい都市の目標年です。２０１０年の国勢調査を基にした試算で、２０４０年時点に20～39歳の女性人口が半減する自治体を「消滅可能性都市（少子化の進行に伴う人口減少によって、存続が困難になると予測されている自治体）」と見なしています。同時点までに人口１万人を切る５２３の自治体は、とりわけ消滅の危険性が高いと言われます。通称「増田レポート」です。「増田レポート」は、具体的な市町村名も発表したため、該当する自治体には大きな衝撃となりました。これを受けて第二次安倍晋三政権は、人口減、東京一極集中、都市と地方の経済格差に歯止めをかけ、地方を活性化することを目的に、同年、地方創生に取り組む「まち・ひと・しごと創生本部」（本部長内閣総理大臣）と地方創生担当大臣（初代石破茂）を設け、地方版総合戦略づくりを促す、まち・ひと・しごと創生法と地方創生推進交付金などを交付する改正地域再生法の地方創生関連2法を整備。「50年後に1億人程度の人口を維持する」「2024年度までに東京圏への人口流入と流出を均衡させる」などの目標を掲げ、地域毎の数値目標を検証して効果を図る仕組みを採用しました。

この国の動きに多くの自治体は翻弄されることになりましたが、北上市にとってはまさに神風のようなものでした。あじさい都市構想を実現させる基本戦略のうち、拠点戦略の中の産業振興やネットワーク戦略の公共交通対策、まち育て戦略としての都市プロモーションがこれと一致していたからです。あじさい都市の戦略づくりはすでに始まっていた訳ですから、名称を読み替えるだけで紐付けができました。私も「まち・ひと・しごと創生総合戦略」はまさに「あじさい都市」への戦略の一つであることを職員や市民に説いて歩きました。

このように北上市のあじさい都市戦略の追い風になった「まち・ひと・しごと創生総合戦略」ではありましたが、国が掲げた戦略は人口減少を食い止めることに主眼があったため、またその人口目標が高すぎたために、併せて策定された各自治体の戦略（北上市も例外ではなく）は結果として未だに人口目標を達成できないでいることは大変残念なことです。

6・2　あじさい都市推進本部

さて、いよいよあじさい都市に向けた基本戦略が整い、全庁を挙げて取り組むべく2015年2月に市長を本部長とし、市の部長級職員で構成する「あじさい都市推進本部」を立ち上げました。これは「まち・ひと・しごと創生総合戦略」の推進も兼ねた組織であり、北上市の人口ビジョンを見据えながら、都市計画マスタープランの地域別構想をも実現させていこうというものでした。さらには、議員、職員、市民とあじさい都市が目指す方向性を共有するべく、勉強会を開催しました。ここでは私と鈴木浩福島大学名誉教授が講演し、北原啓司弘前大学教授を交えてパネルディスカッションを行いました。鈴木浩氏の講演では私もよく引用させていただいている古代ギリシャのアテネ人が新たに市民になる際の制約である、

「私たちは、この都市を、
　私たちが引き継いだ時よりも、

損なうことなく、より偉大に、より良く、
　そしてより美しくして、次世代に残します」

　という文言を伝えていただきました。
　この勉強会では、コンパクトシティの考え方がなぜ生まれたのかを改めて確認しながら、これまでのあじさい都市への取り組み状況と今後の進め方を確認させていただきました。そしてこのあじさい都市推進本部の大きなミッションは2011年から始まった市総合計画と地域計画の見直しにあることを確認しました。いわゆるあじさい都市第二ステージのキックオフと言えるイベントを行った訳です。その後、あじさい都市推進本部は、市の「まち・ひと・しごと創生総合戦略」を具体的に策定し、進捗状況を毎月のように確認していきました。2016年は希望郷いわて国体が開催された年でもあり、それに向けた都市プロモーションの企画などもこの本部で扱うことになりました。次の総合計画が策定され、あじさい都市に向けた戦略が実装されるまでの間、あじさい都市推進本部が構想の実現に向けたエンジンとして大きく機能したのではないかと思います。

珈琲ブレイク９（北上市広報　令和元年６月28日号掲載）

自転車とあじさい都市

昨年11月、自転車を活用したまちづくりを推進する全国市区町村長の会が設立されました。私も発起人として名を連ね、東北ブロックを担当する副会長として活動を始めたところです。これは２０１７年５月に施行された自転車活用推進法に基づいたまちづくりを自治体基点で全国展開しようとするもので、当市のあじさい都市推進とも深く関わっています。

あじさい都市構想では、拠点間を公共交通によって有機的に結び、車が運転できない高齢者や子どもたちの移動手段を整備しようとしています。この交通システムを補強する有効な交通手段が自転車なのです。鉄道の駅や路線バスの停留所から家まで、あるいは目的の施設までの二次交通に自転車が有効に活用できれば、公共交通の活用頻度が確実に増え、路線廃止や撤退を防ぐことができるのです。

現在、この首長会議では超党派の国会議員連盟などと連携して自転車通勤の普及や自転車交通の安全対策、自転車ツーリズムやサイクルトレインなど、多岐にわたって議論を進め、必要があれば国に提言することとしています。東北ブロックは東日本大震災の復興を優先的に進めてきたため、自転車活用においては他のブロックに比べ少し遅れていますが、今後はしっかりと取り組んでいくべく、働きかけていきたいと考えています。

　ご承知の通り、自転車は健康にも地球環境にも優しい交通手段です。あの東日本大震災直後に自転車店から自転車が消えたことを思い出してもらいたいと思います。将来の環境制約を考えても、車だけではない、多様な交通手段の一つとして自転車活用を改めて考えることが必要なのではないでしょうか。

6・3　三つの戦略の実践

第五章ではあじさい都市構想の骨格をお示ししました。そしてその実現のために三つの基本戦略があることを申し上げました。北上市ではすでにこの三つの戦略に一部取り組み始めている訳ですが、２０２１年から始まった市の総合計画ではこれを10の持続可能なまちづくりプロジェクトに体系的に実装し、他の施策に優先して取り組んでいます。ここではその例をいくつか紹介することで、これから取り組もうとする皆様の参考にしていただきたいと思います。

(1)　拠点戦略

まず、「拠点戦略」として取り組んでいるのは市が主体となって取り組まなければならない都市拠点の整備であり、前述した二つの都市拠点整備に向けた整備計画（立地適正化計画）を立てました。その上で、民間の総合病院であった北上済生会病院の拠点内移設に向けた環境整備を行い、用地の確保や補助金の拠出など、できるだけのサポート体制をつくり上げました。庁舎に近接していた健康管理センターの老朽化に伴う移転計画では、中心市街地にあって、百貨店が入居するツインモールプラザの一部をリノベーションし、子育て支援から市民の健康まで総合的にサポートするための保健・子育て支援複合施設「hoKko《ほっこ》」を設置しました。ここには雪国で冬季に屋外で遊べない親子のための遊びのスペースも県内で初めて設置しました。

　次に取り組んだのは東北新幹線が停車する北上駅東口の市営駐車場の土地を民間に無償貸与することでホテル、マンション、

オフィスビル、立体駐車場を整備しました。今後は北上駅西口から中心市街地までの沿道をエリアリノベーションし、魅力ある市街地を形成することとしています。北上市の現状を考えた場合、企業立地で不足するマンションやホテル、オフィスビルなどが有力な都市施設の候補となっています。さらに、自転車や歩行者が快適に気持ち良く通ることができる道路整備も計画されています。また、このことが市の魅力を生み出して、さらなる企業立地の弾みになるものと考えています。

地域拠点の整備については、現在、それぞれの地区で構想を練りつつありますが、小学校の統合によって生まれた空き校舎を活用して地域拠点の核としようとする動きが出始めています。市はこれを全面的に支援しながら地域拠点整備に拍車をかけたいと考えています。

(2) ネットワーク戦略

近年、一人一台の車を持つようになりました。それによって商業施設は郊外のロードサイドに集約され、中山間地域からは徐々に商店が消えていきました。診療所などもそうです。大多数が車を使うために公共交通の利用者は激減し、バス路線の撤退や鉄道の赤字拡大、そして廃線の懸念も取り沙汰されています。車がなければ生活ができない環境になってしまったのです。免許を持たない子供や高齢者はこれからどうしたらいいのでしょうか。このままこの状況を見過ごすことはできません。行政は財源をしっかり投入して、地域生活の生命線である公共交通を死守しなければなりません。市では事業者の路線撤退を機に利用しやすい新しい型のバスを購入し、独自で拠点間の運行を行っています。計画では拠点間交通については1日5往復を目標に運行を計画しており、地域には利用者の確保をお願いして

高齢者公共交通利用助成券の概要
☆高齢者公共交通利用助成券の目的
・公共交通の利用促進と高齢者の外出支援
☆交付対象者
・満70歳以上の全市民
☆助成内容
・バス・タクシー共通助成券
4,000円分
・バス専用助成券
2,000円分
・合計
6,000円分
公共交通
助成券の使い方
バスロケーションシステム「バス予報」概要
☆バスロケーションシステムとは
・利用者がスマートフォンやパソコンからリアルタイムでバスが今いる場所や遅れを確認できるシステム
☆花巻・北上地区バス予報について
・令和4年12月1日から、岩手県交通㈱・北上市・花巻市が協力し、市内を走る25の路線で導入
・岩手県交通の路線バスのほか、北上市コミュニティバス「おに丸号」や花巻市の市街地循環バスにも対応
バスの現在地がわかる!!
地図上で現在地がわかる!!
BUS
バス予報イメージ
ネットワークの再生

	R4.7	R4.8	R4.9	R4.10	R4.11	計
バス(県交通・おに丸号)	9,141	9,309	9,473	9,584	8,802	46,309
タクシー(乗合等含む)	41,746	33,875	26,492	25,066	21,932	149,111
合計	50,887	43,184	35,965	34,650	30,734	195,420
累計	50,887	94,071	130,036	164,686	195,420	
利用率(累計/交付枚数)	4.3%	8.0%	11.1%	14.0%	16.7%	

います。また、多くの皆さんが公共交通を利用するためには地域のどの地点からも地域拠点の公共交通結節点までのアクセス、いわゆる二次交通を考えなくてはなりません。

これは地域主体でニーズに合わせた運行を考えてもらい、補助金等で市が支えています。これらの交通環境が利用者から見える状態にならなければならないと考え、市ではスマホでもバスの現在位置がわかるバスロケーションシステムを整備し、利用促進を図っています。ネットワーク戦略についてはまだまだ未整備な部分があり、財源を確保し、早急に対応する必要があると考えています。

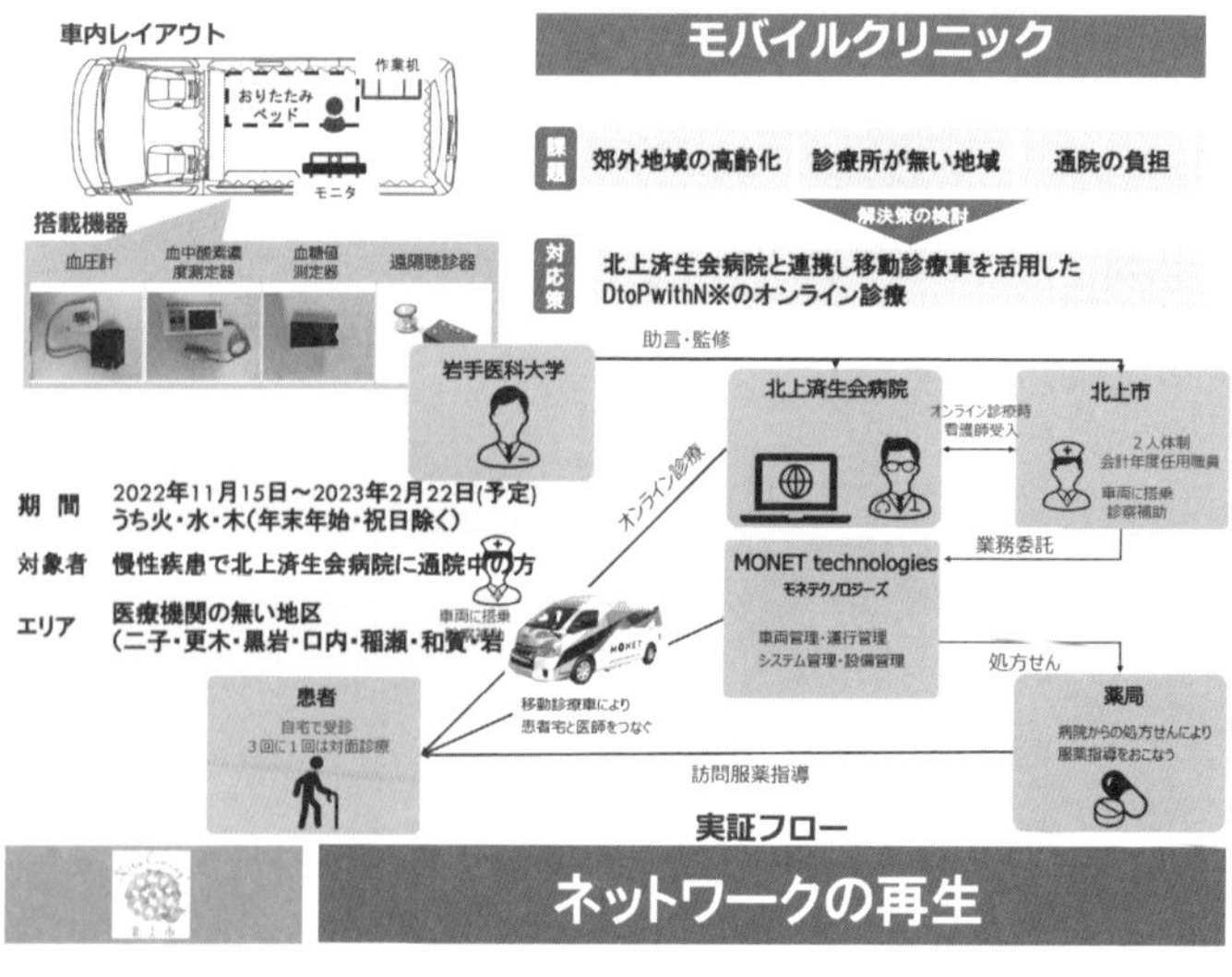

一方で、地域に必要なサービスを届ける、いわゆるアウトリーチも考える必要がありま す、医療サービスを公共交通が利用できない患者に届ける、モバイルクリニックも一つの方法です。北上市では２０２２年に岩手医科大学の指導のもと、医師会と薬剤師会そして行政が協働でモバイルクリニックの実証実験を行い、本格運用に入ろうとしています。現在は、慢性期にある患者を対象に通信機器と簡易な医療機器を搭載した診療車に看護師が乗り込んで患者宅を訪問し、診療所の医師が遠隔で診療するシステムですが、いずれは診療対象者の幅を広げることもできるものと期待しているところです。

ネットワーク戦略のもう一つの柱は情報です。市では近年、小中学校の児童生徒全員にパソコンを供与し、おかげでコロナ禍によって学級閉鎖や休校になった場合でもリモートで授業ができました。全国で行われた一人一台端末ですが、多くの自治体ではＷｉ－Ｆｉ環境下でしか利用できないものでしたが、当市では全てＬＴＥ回線を利用した通信でどこにいても利用できる状況でした。また、近年多発する災害に対応するために、雨音などで聞こえにくいと言われる防災無線に代わって、コミュニティＦＭを開設し、車でも家でも、どこにいても市の緊急情報が聞けるようになりました。一時、ポケベル波端末の全戸配布も検討の対象でしたが、今ではその汎用性においてコミュニティＦＭが勝ることが実証されたのではないかと思います。

(3) まち育て戦略

地域拠点の整備は公共交通の利用の仕方も含めて地域が自ら考えていかなければならない課題です。しかしながら、日頃から地域づくり活動を実践していない自治組織ではこの難しい課題には対応できないでしょう。組織的に意思決定を行ったり、事業をマネジメントしたりと少し訓練が必要だからです。そこで必要になってくるのがまち育て戦略の実践です。

まち育てとは、身近にある地域資源に目を向け、地域で共有し、守り育てる活動で

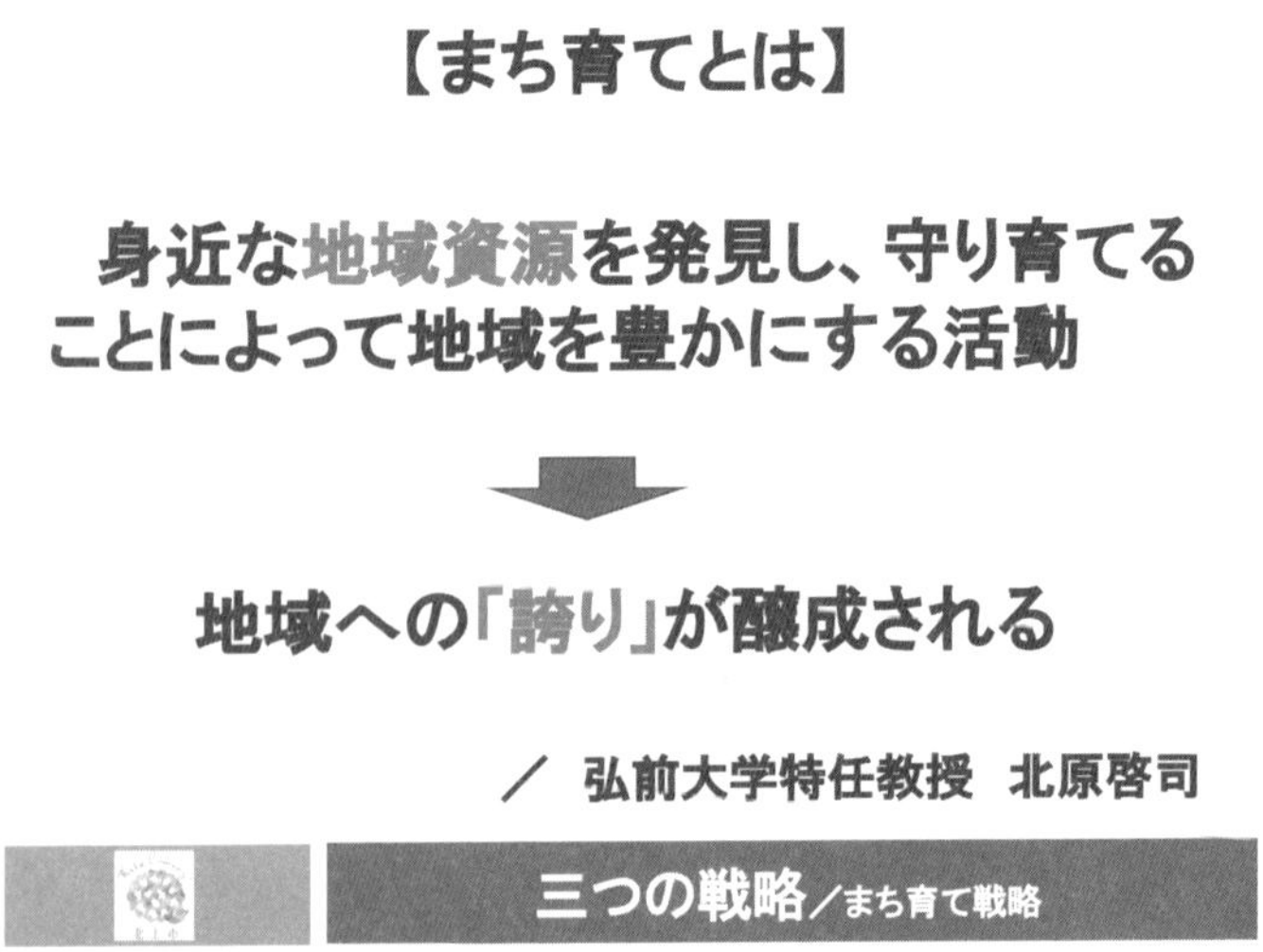
【まち育てとは】
身近な地域資源を発見し、守り育てる
ことによって地域を豊かにする活動
地域への「誇り」が醸成される
／ 弘前大学特任教授　北原啓司
三つの戦略／まち育て戦略

す。その活動を行うことによって地域住民は組織マネジメントを学び、事業マネジメントを学び、地域への誇りと仲間との連帯を獲得します。つまり組織的な意思決定が可能な状態が生まれてくるのです。北上市の場合、合併後の第二ステージの中で地域に対する分権化が進み、自治組織の指定管理による交流センター化が進んだことで、すでにそのトレーニングはできていると思っています。ただし、役員が頻繁に入れ替わることでそのノウハウがうまく次世代に伝わらないという不安もあります。今後そのような課題をクリアすることがこれからのまち育て戦略を実践する上で重要になることと思われます。まち育て戦略はあじ

さい都市推進の要となる戦略ですので、第七章でさらに詳しく述べたいと思います。

6・4　総合計画への実装

私は市長になる前、いくつかの自治体の総合計画の策定に関わってきましたが、自治体の総合計画といえば、かなり分厚い冊子になり、読んでいるうちに一体どこを目指しているのかわからなくなる計画が多かったように感じています。それでは市民は初めから読むことを諦めてしまいそうだと思ったものでした。その反省から、北上市の現在の総合計画は、かなり的を絞り込み、スリムになったと感じていただけるのではないでしょうか。そして、その特徴はあじさい都市に向けた重点項目を10の持続可能なまちづくり推進プロジェクトとしてまとめていることです。以下、そのプロジェクトを示します。

1　子育て寄り添いプロジェクト

2　学びの改革プロジェクト

3　地域をつくる文化・芸術・スポーツプロジェクト
4　イノベーションチャレンジプロジェクト
5　「北上×はたらく」プロジェクト
6　いきいき元気ライフプロジェクト
7　拠点形成・ネットワークプロジェクト
8　私から始める減災プロジェクト
9　市民が創る・まち育てプロジェクト
10　自治体のスマート化プロジェクト

これら全てにあじさい都市への基本戦略が盛り込まれている訳ですが、特に「7　拠点形成・ネットワークプロジェクト」と「9　市民が創る・まち育てプロジェクト」はプロジェクト全体が直接的にあじさい都市構想に関わる重要なプロジェクトです。これらに重点的に予算が振り向けられる訳ですので、２０３０年までの10年間は着実にあじさい都市に近づいていくものと思います。

また、「10　自治体のスマート化プロジェクト」にはいわゆるＤＸへの取り組みをあじさい都市に生かす工夫が必要です。2022年末、北上市は公立保育園の登降園や連絡帳のデジタル化などの取り組みで、いわてDX大賞を受賞しました。当市は2020年からDX、いわゆるデジタルトランスフォーメーションに取り組んでいます。成果を少し紹介すると、子育て世代向けのLINEによる情報受発信、証明書などのコンビニ交付、電子入札、「hoKko」おやこセンターなどのオンライン予約など、市民がある程度変化を感じられる状態になったと思っています。

これは単なるシステム導入や新サービスの開始を目的としたものではなく、意識改革も含めた持続可能な変革を実現し、継続できるよう三つの戦略で臨んでいるものです。一つ目は市民・市・市職員の「三方良し」の持続可能な変革、二つ目は従来サービスとバランスのとれた変革、三つ目は小さく始めて大きく広げる変革です。いわてDX大賞の受賞はまさにこれらの戦略が功を奏したものと考えています。

あじさい都市も「拠点」「ネットワーク」「まち育て」の三つの戦略を掲げて取り組んでいますが、市内16地区のうち、診療所のない地区が8地区、小売店のない地区もあるなど、多様な課題を抱えています。それらを解決し、地域拠点を育てようとするとき、すぐに都市施設の整備ではあまりにも短絡的です。利用者人口が少なく、地域拠点内に住民の求める都市施設が経営的に成り立たない場合は、ＤＸを活用して他の拠点からのアウトリーチで対応することも考える必要があると思います。例えば、前述したモバイルクリニック事業やネット通販とのハイブリッド店舗などです。その時、行政には事業者の採算が取れるような環境を作る役割があると考えています。一例としては、地域でアウトリーチを受け入れる屋内空間や公共交通の地域ターミナルなどの整備も考えられます。自分たちの地区でもＤＸの活用で何かできることがないか、直接公共サービスを実施する主体が中心になって業務の効果的実施に向けて様々なアイディアが出されることを期待しています。

珈琲ブレイク 10（北上市広報 平成28年12月25日号掲載）

「まち育て」全国に発信

身近な事柄に目を向け、守り育てる、当市の「まち育て」活動が、全国表彰など、各方面から評価を得ています。

「岩崎地区青年会虹色の会〝絆〟」は2013年度全国地域青年「実践大賞」の全国青年団OB会奨励賞を受賞しました。メンバーは200人を超え、夫婦での参加も多く、皆、自由な発想で、楽しみながら活動しています。若者の参加が少ない地域は、ぜひ参考にされるといいと思います。なお、彼らは2014年度全国青年団教宣コンテストユニフォーム部門でも全国1位に輝いています。

黒沢尻西地区自治協議会は、児童の放課後の安全安心な居場所づくり事業「はばたき子ども広場」で、文部科学大臣表彰を受賞しました。小学校の空き教室などを生かして、遊びの指導、体験学習などを行っています。今年で10年目となりますが、地域ぐるみの子どもの居場所づくりが評価されています。

煤孫1区自治会は、「古館神社展望公園」景観整備を通じた地域づくりで、公益財団法人あしたの日本を創る協会の平成27年度あしたのまち・くらしづくり活動賞の振興奨励賞を受賞しました。戦国時代にこの地一帯を治めた、和賀氏家臣団のひとりである煤孫氏の居城跡を住民の手で公園化し、歴史文化の学習の場を創ったのです。

藤根地区自治協議会は、北上平和記念展示館や藤根遺族会などと協力し、戦後70年平和記念事業として後藤野にある岩手陸軍飛行場（通称後藤野飛行場）ジオラマを制作。また、講演会や祈念誌などで戦争の悲惨さ、平和の尊さを唱える活動を展開し、北上平和記念展示館を通した「まち育て」をねらっています。

このような活動はまだまだあり、市民のプライドを育てています。人口減少時代にあっても、地域に「まち育て」がある限り、地域が衰退することは絶対に無いでしょう。

第七章　まち育ての道具

7・1　まち育て三条例の制定

あじさい都市構想の中で、私が最も重要だと思う戦略が「まち育て戦略」ですので、さらに詳しく掘り下げてみたいと思います。私が市長に就任したのは東日本大震災直後で、まずは市内の被災状況の把握と復旧、さらには全国各地から集まる支援物資を沿岸被災地に届けるなどの支援があり、加えて市の財政状況も極めて悪く、あじさい都市の推進どころではありませんでした。そこでまず手掛けたのは、あじさい都市推進のための環境づくりとして自治基本条例と地域づくり組織条例の制定を目指しました。これまでに育まれてきた地域自治意識の顕在化とあじさい都市推進のためのまち育てになくてはならないと考えたからです。

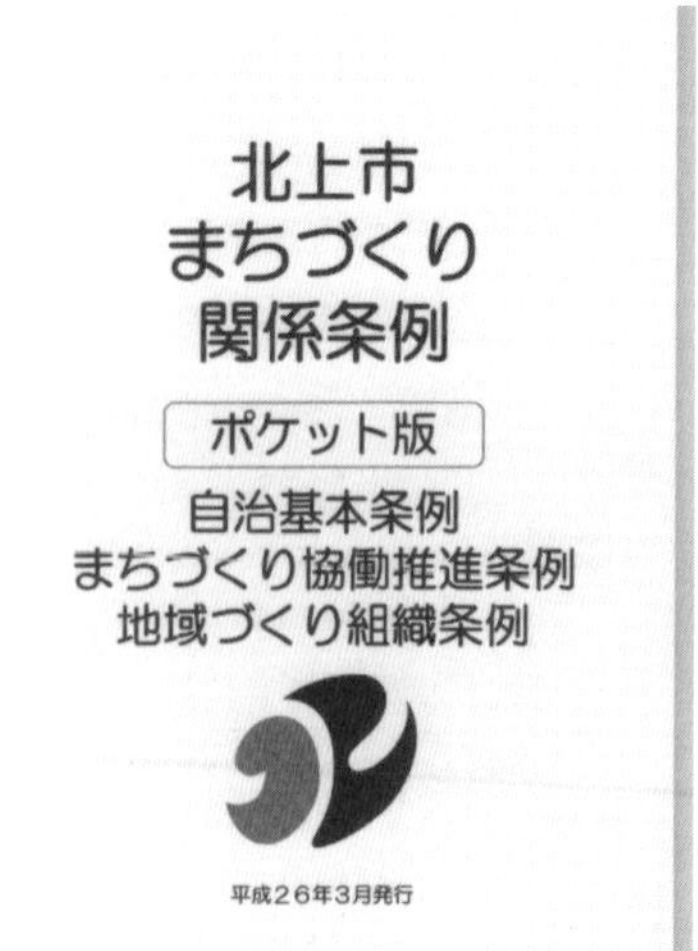

条例制定に向けて議論のポイントになったの

は行政と議会、市民、企業の関係性を明確にすることでした。今まで、議員が市民の市政に対する全ての意見を代表してきた訳ですから、市民が直接まちづくりに参画する場合、どの程度オーソライズできるのか。北上市の場合は市外から働きに来ている人も多く、その人たちをどう位置付けるのか。企業の位置付けは。などなど多くの問題点が出され、議論したことは大変有意義であったと思います。条例づくりによって議会も、行政も、市民も、企業もその立ち位置を明確に感じ、それぞれの役割を自覚したのではないかと思います。さらに、北上市の場合、他の自治体から働きに来ている人や学びに来ている人を含めて市民として条例に規定したことは、交流人口を増やすという意味からも画期的だったと考えています。

また、地域づくり組織条例の制定では、16地区の自治協議会が市とのまちづくりパートナーとして規定されたものの、ほぼ行政区毎に百以上ある自治会の取り扱いが不明確となり、行政区長制度がなくなった現在、これまで慣れ親しんできた行政区単位の動きを今後どうすれば良いか、要検討案件になっています。この二つの条例に加えて、まちづくり協働推進条例がすでにあり、併せて私はこれをまち育て三条例と称しています。これからこの条例のブラッシュアップが行われる予定ですが、あじさい都市推進のベースになっていることに違いはありません。また、この条例によって、市民の市政への参画は、議員を通してばかりではなく、多様な参画が可能となった訳ですから、今後は、議会や議員のあるべき姿も大きく変わってくるものと思います。このことは近年、無投票の原因として問題視されている、議員定数にも影響してくるのかもしれません。

7・2 まち育ての財源

私が初めて市長に就任した時点では、市は極端に財政が困窮していました。まち育て三条例はできたものの、その裏付けとなる財源を地区に配分することは到底困難でした。そこで考えたのが、福祉や生涯学習、青少年育成などの紐付け予算が地区活動を縛っていましたので、まずはその縛りをなくそうとしました。さらには5年間のまちづくり計画を立てることによって年度を超えて計画的に予算が使える制度にしました。市が財源を増やした訳ではありませんが、ある程度、地域は自由度を持ってまちづくり活動に取り組む環境ができた訳です。

その後、震災の影響が落ち着くと同時に企業の進出も見え始め、徐々に市の財政見通しも立ってきましたので、思い切って地域のまちづくり予算を増やすことにしました。それも、使い道をあまり制限しない交付金として配分しました。また、地域要望の多かった生活道路の整備については道づくり支援事業費補助金として各地区に配分することとし、地区では様々な工夫によって必要な生活道路を自分たちの手で整備できるようになったのです。16地区ではそれらの財源とそれぞれの地域資源を活用しながらまちづくりを進められるようになりました。いわゆるまち育てが進み始めたのです。ある地区ではざぜん草群生地に木道を設置し生息環境を整えながら、毎年ざぜん草まつりを開催し、地域の特産物を販売しています。またある地区では伝統の中尊寺貫首による青空法話を定着させ、史跡の保全に向けた活動を行うなど、多彩なまち育てが展開されています。私は、それぞれの地区がこの交付金を活用しながら、それぞれの地域拠点を中心とした地域計画実現に向けて有効に活用されることを願うとともに、私としても各地区の熟度に応じて地域拠点整備の呼び水として、交付金のさらなる上乗せや地域拠点のインフラ整備に力を注ぐべきだと考えています。

7・3　地域づくり組織のマネジメント

２０００年にＮＰＯの中間支援組織であるいわてＮＰＯ－ＮＥＴサポートを立ち上げ、市民活動や地域づくり組織のマネジメント研修を担ってきたことは第一章で申し上げました。当時は全国的にもＮＰＯが注目されていた時代で、中間支援ＮＰＯをさらにサポートしてくれる全国的なＮＰＯもあり、私たちはせんだい・みやぎＮＰＯセンターなどの協力を得て市民活動団体や地域づくり組織のマネジメント研修を、市の委託事業で行っていました。それが、各地域の地域計画策定などに役立ったものと思います。

しかしながら、地域によっては、ある程度のまちづくり財源が確保でき、まち育て活動が活発になるに従って地域づくり組織のマネジメントに関する新たな課題が出始めました。住民要望を取捨選択することができず、そのまま実施してしまうことで事業量が職員の能力を超え、コントロールが利かない状況になったり、職員の雇用に関してしっかりとした取り決めをしていなかったために労使間のトラブルが起きたりという問題が顕在化しました。これらを解決するためには、中間支援ＮＰＯだけではなく、雇用などについても専門分野の個別支援が必要になってきたものと考えています。今後、これらの課題に向き合いながら、各地区によるまち育てがより生き生きと楽しく行われるように支援体制を整えることが重要だと考えています。

7・4　行政マネジメントシステム

北上市独自の行政推進の仕組みとして私が考え、構築したのが行政マネジメントシステムです。地域によるまち育てや市民活動団体との協働にとって最も重要なことは、行政の透明性だと思っています。どこで誰がどのように意思決定し、政策や事務

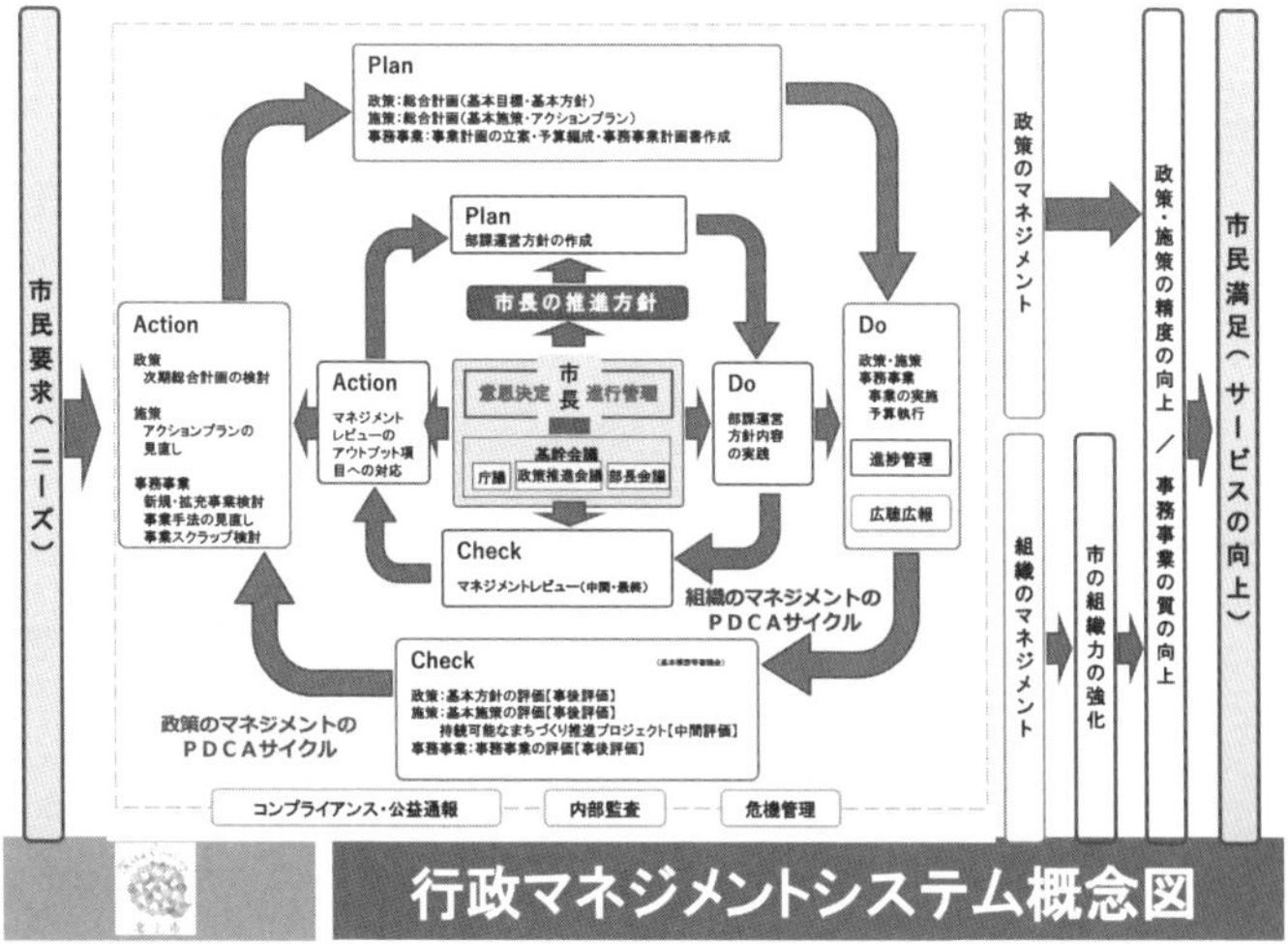

のかを遂行しているのかがわからなければ、市民はいつどこでどのような提案をしていいのかわかりません。

私は、市長就任前は企業の代表をしていました。同時に、国際的な品質システムであるＩＳＯの品質マネジメントシステムの運用にも携わっていましたので、就任直後から同様のシステムが行政にもあるべきだと考えていました。このシステムの特徴はいつどこで誰が何を決定し、物事が進んでいくのかを見える化したものであり、トップが組織の動きをしっかり掌握できることでした。

早速、行政の動きを政策と事務に分けて整理し、責任を明確にするとともに、どこで誰がどう意思決定するのかを見える化しました。不具合があればそれを内部監査によって検証する仕組みも作りましたが、これは職員にペナルティを科す目的で作ったものではありませんので、安心して運用してもらったものと思っています。職員もこのシステムの存在を知っておくことで課題をどう解決に結びつけるのかがわかり、実際に多くの課題がこのシステムによって解決されたものと思っています。

実はこの行政マネジメントシステムは市民活動団体や地域づくり組織のためにも有効だと思っています。行政は決められた年間スケジュールに則って事務を遂行し政策を推進しますが、協働相手である市民活動団体や地域づくり組織はそのタイミングを知りません。要望や提言の時期を逃すとまた1年、待たなければならないことになります。また、苦情なども関係のない部署に持ち込んでも解決には結びつかず、ストレスが大きくなるばかりです。このような状況で協働が推進されるはずがありません。それは議会にも言えることです。近年の議会はよく政策提言を行っていますが、政策マネジメントへのインプットのタイミングが重要となりますので、行政マネジメントシステムの議会との共有もまた不可欠だと思っています。

また、このシステムは、誰もが組織全体の動きを把握することが可能であると同時に、役職員個々の責任が明確になりますので、安心して職務に精励、あるいは仕事を任せることができるのではないかと思います。もし、行政マネジメントシステムをまだ体系的に整備していない自治体やまちづくり組織があれば、早急に整備されることをお勧めします。

珈琲ブレイク 11（北上市広報　平成30年8月24日号掲載）

二つの「R」

家庭、学校、地域、会社、私たちは日常的にさまざまな組織に所属しています。その組織を動かしているのは何でしょうか。考えてみたことがありますか。

若い頃、ある組織マネジメント研修で学んだのが表題の二つの「R」です。二つの「R」とは「Rule（ルール＝法則）」と「Role（ロール＝役割）」のことです。

「Rule」とは、組織がその目的を達成するために定められた法則であり、国であれば憲法をはじめとする法律、法人であれば会則や規約です。

「Role」とは、その組織を動かす人の役割や権限であり、国では大統領や首相、官僚、法人では代表や理事など多様な役割や権限が存在します。組織の業績や事故、事件などはおおむねこの二つの「R」に欠陥があると考えることで改善が可能になります。

現在、北上市が進めている行政マネジメントシステムの目的も、まさにこの二つの「R」に存在する欠陥を探し出し、改善することであり、始動させて今年で４年目となります。もし不適切な事務や施策の効果に疑問がある場合は、内部監査を実施し、是正処置を計画し実施することとなるため、同様のミスや不振は発生しにくくなるのです。したがって個々に抱える事務量も減り、賢く働くスマートワークに対しても効果があることは言うまでもありません。

組織の問題を評価する際に「気が緩んでいる！」とか「気を引き締めて！」などと言う人がいますが、それは個人の能力への過度の依存であり、そんなことで組織としての成果は期待できません。まして犯人探しや個人への責任のなすりつけなどは無意味であり、時間の無駄でしかないのです。問題の発生には必ず二つの「R」に欠陥があることを肝に銘じ、継続的な改善に結びつけたいものです。

第八章　ライフスタイルに誇りを

8・1　コロナ禍から学んだもの

２０２０年、突如得体の知れない感染症が蔓延し始めました。中国で発生した新型コロナウイルスはあれよあれよという間に世界中に拡散しました。日本では、立ち寄った豪華客船内で大規模なクラスターが発生しましたが、どこか他山の石の感覚がまだありました。

日本に広がり出した後も、岩手県内では暫く感染がゼロの状態が続いたものの、少しずつ緊迫感が広がり、フェイク情報によって県外ナンバーの車が警戒される事態にまでなりました。このような中、首都圏から地方へのコロナ疎開が広がりました。私の娘婿家族も1ヶ月以上にわたって我が家に滞在しながらリモートワークの日々を過ごしていました。その様子を暫く見ていると、疎開生活も満更ではない空気感が伝わってくるようになりました。都会にいれば、狭いマンションの中で自粛生活を続けなければならなかった訳ですが、北上市にいれば毎日通勤する必要もありません。一定時間、リモートで仕事をしながら夫婦交代で、まだ2歳の子供と一緒に、近くの自然たっぷりの公園に行って遊んでいました。考えてみれば、首都圏に比べて人口密度もそれほど高くないので、ある程度の都市施設はコロナ禍でも利用できましたから快適であったはずです。

　また、夫婦揃って用事があるときには私たちが同居しているのですぐに子供を見ることができ、二人揃って食事にも出かけていました。彼らはきっと「田舎も悪くないね」と思ってくれたのではないでしょうか。コロナ禍で若者の地方に対する意識が180度変わったと言えるかもしれません。コロナ禍が終わりつつある今でも、少しトーンダウンすることはあっても決して消えることのない意識だと思います。人口減少に歯止めがかからない地方自治体としては、このような若者の意識の変化をまちづくりに生かすチャンスが到来していると

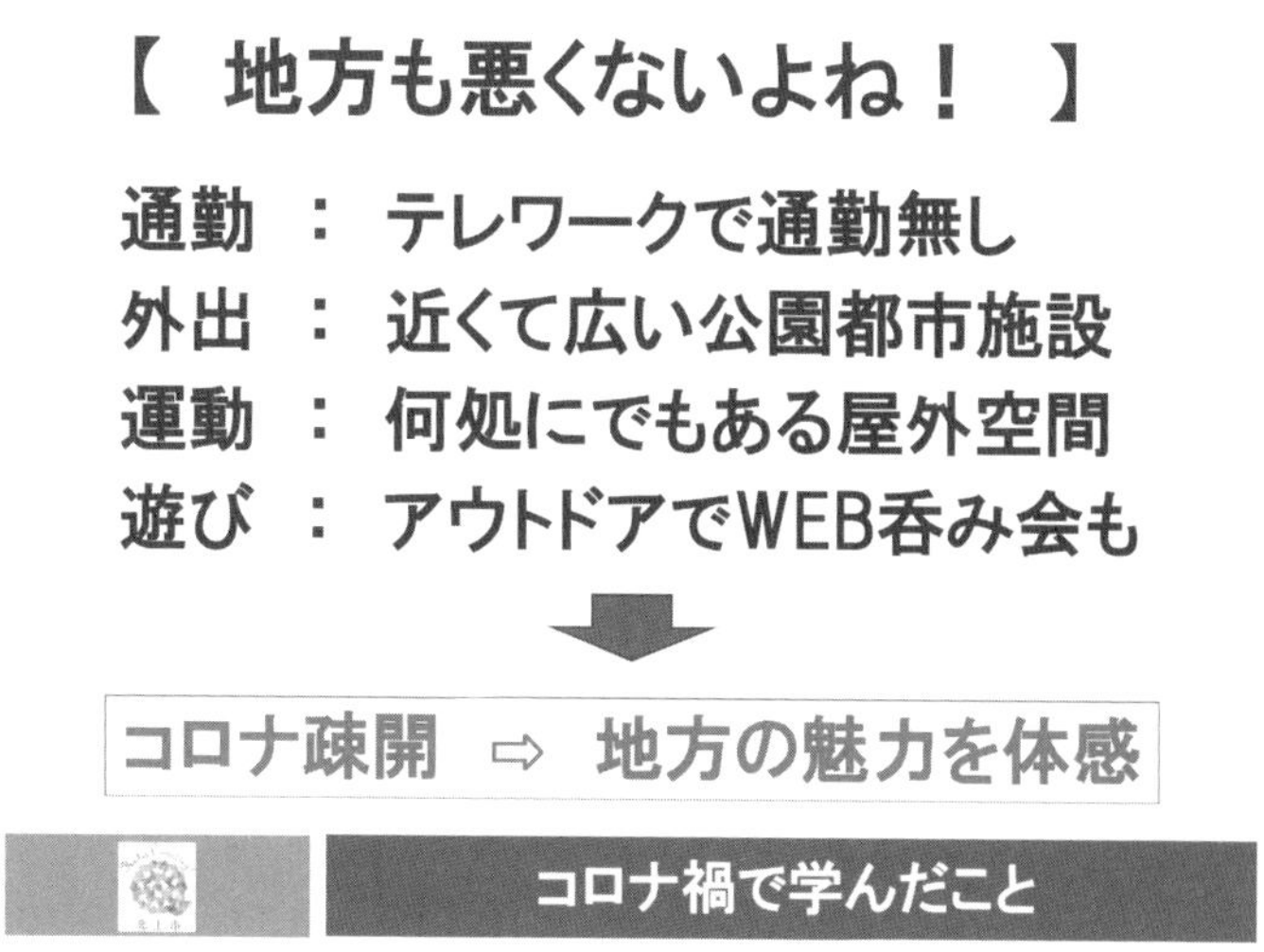
【　地方も悪くないよね！　】
通勤　：　テレワークで通勤無し
外出　：　近くて広い公園都市施設
運動　：　何処にでもある屋外空間
遊び　：　アウトドアでWEB呑み会も
コロナ疎開　⇨　地方の魅力を体感
コロナ禍で学んだこと

捉えています。今一度、自分たちの地域でどんなライフスタイルが創造できるのかを考え、実践し、発信することが重要なのではないでしょうか。

8・2　地方ゆえの魅力的なライフスタイル

２０１６年3月、主要国首脳会議、いわゆるＧ７サミットが開催された伊勢志摩で第一回「未来の暮らし方を育む泉の創造」シンポジウムが開催されました。私はそこで「あじさい都市で実現する心豊かな暮らし」と題して講演をさせていただきました。北上市では、当時東北大学大学院環境

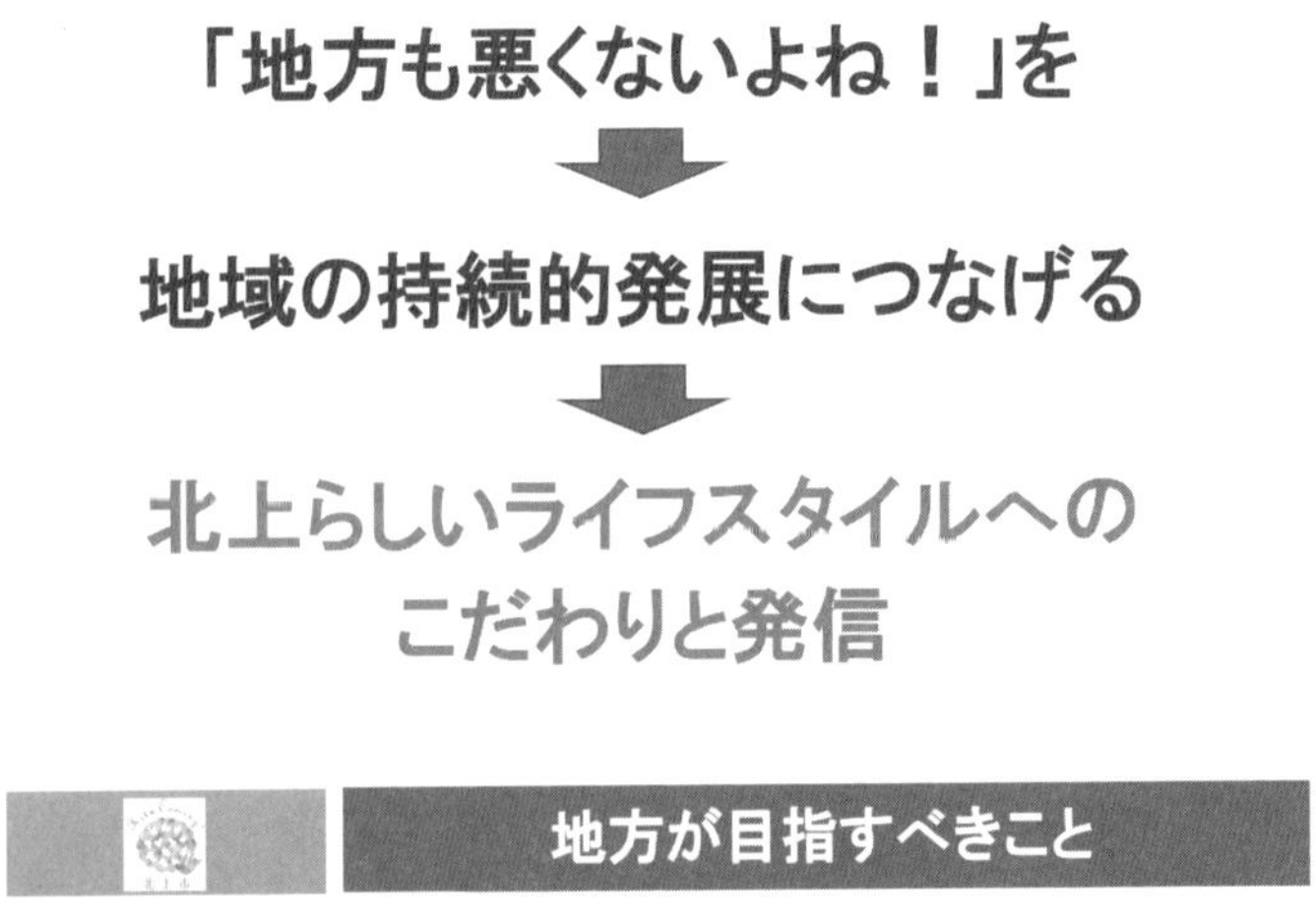
「地方も悪くないよね！」を
地域の持続的発展につなげる
北上らしいライフスタイルへのこだわりと発信
地方が目指すべきこと

科学研究科准教授だった古川柳蔵氏と共に、北上市ならではの未来のライフスタイルのあり方について、協働研究を進めていました。それは、将来予測される環境制約の中、心豊かなライフスタイルをどのように創造するのか、というものでした。これは多くの著名企業なども参加するプロジェクトでもあり、北上市が進めるあじさい都市が目指す、魅力的で持続的なライフスタイルとも一致すると考え、取り組むことにしました。

私は講演の中で次のように申し上げました。あじさい都市が目指しているライフスタイルはふんだんに存在する北上市各地区の自然、文化、産業などの地域資源を余すところなく活用し、住民自らがつくり出す、ある意味で贅沢なライフスタイルである、と。あじさい都市のライフスタイルこそ、コロナ禍で「地方暮らしも悪くないよね」と若者が感じてくれたライフスタイルなのだと思っています。その例をいくつか次に示します。

【あじさい都市のライフスタイル】

- 職住近接：リモートワークで自由な時間
- 農ある暮らし：おいしく新鮮・安全な食文化
- 野生との共生：都市と自然を共に楽しむ贅沢

・三世代近居：子育ては時々祖父母の協力で

・低環境負荷：近未来の環境制約も快適に

数年間にわたって取り組んだライフスタイルデザインプロジェクトでは、これ以外にも様々な魅力的なライフスタイルが提案されました。

すでに多くの市民がいろいろな角度から新しいライフスタイルをデザインし、発信に努めてくれています。北上市には日本一の豪雪を誇る夏油《げとう》高原スキー場があります。その上り口、瀬美《せみ》温泉の手前にキャンプグランド・ベアーベルというキャンプ場

キャンプグランド・ベアーベル

があります。オーナーは２０１０年に茨城県取手市から男のロマンを達成しようと移住し、かねてからの夢だったキャンプ場の適地をここに定め、運営し始めました。ご自身もキャンプの楽しみ方を日々研究しながら全国に発信し、キャンプの魅力や地域の自然や人々の魅力を伝えています。ここは市街地から車で20分ほどのところなので、まさに「野生との共生」をライフスタイルとしていると言ってもいいのではないかと思います。

このキャンプ場から東に5分ほど下りてくると左手に古民家が見えてきます。古民家Cafe「小昼 kobiru」です。ここは、２０１６年に地域おこし協力隊として仙台市か

夏油古民家カフェ「kobiru」

ら移住してきた中村吉秋さん、邦子さんご夫妻が解体寸前だった古民家を借り受け、1年をかけて自分たちでリノベーション工事を行い、Cafe 兼観光案内所を作ったものです。今では、岩手県内の古民家のリノベーションも業務としてアシストするなど、地域の魅力づくりと発信に奔走しています。

稲瀬地区では市の若手経営者を代表する存在である、株式会社近藤設備の近藤正彦社長らが中心になって、使われなくなった旧牧野を活用して、ワーケーションやキャンプ、農業体験などもできる、the campus つながる森を着々と整備し、様々な事業に取り組んでいます。彼らは将来ここをＩＬＣ

（国際リニアコライダー）建設後の研究者の魅力的なライフスタイル実現の場としての位置づけも見据えて事業を進めています。私もワクワクしながら彼らの取り組みに期待しているところです。

ここでは北上市に移住された方々や若い人たちの新しいライフスタイルの創造を紹介しましたが、地域の皆さんもそこにある地域資源に気づきさえすれば、ワクワクする新しいライフスタイルが創造できると思いますし、すでに多くの皆さんが取り組み始めています。

市では彼らの情報発信をしっかりサポートするべく、企画部内に都市プロモーション課を設置し、市の情報のみならず、市民情報もより多く発信しようと取り組んでいるところです。なお、古民家 Cafe「小昼 kobiru」については「きたかみ仕事人図鑑」のホームページで紹介されていますので是非ご確認ください。

珈琲ブレイク 12（北上市広報　平成30年12月28日号掲載）

虹色に染まる浅草

11月17日土曜日、浅草は前日までの雨天予報に反して時折日が差す穏やかな日となりました。イベント関係者は皆胸をなで下ろし、虹色の会初めての東京遠征を成功させようと意気込んでいました。「虹色フェスタ in 東京・浅草」です。これは東京五輪を記念して、岩崎地区青年会虹色の会〝絆〟が1年以上も前から準備していた地域おこしイベントであり、地域を始め、市や北上ふるさと会なども巻き込んで壮大な企画になっていました。

当日は浅草にある「まるごとにっぽん」の屋外会場で、岩崎鬼剣舞や東京五輪音頭などの披露の他、餅まきや市の物産販売など、ふるさとのPRを盛大に行いました。午前10時からの5時間で約8千人の来場者があり、その後に行われた関係者の打ち上げ会は大いに盛り上がったそうです。

今から10年前、旧岩崎小学校、煤孫小学校、岩崎新田小学校が統合して現在のいわさき小学校が生まれました。学校の統合は一筋縄では進みません。当時なかなか統合に賛成できない学校区や建設地など、さまざまな考えや意見がある状況だったことは容易に想像できます。ＰＴＡや地域では話し合いに話し合いを重ねて統合への道をたどったに違いありません。岩崎地区には７つの行政区がありますが、話し合いを重ねるうちに、いつしか７つの行政区の若者が未来を見つめて結束していったのです。虹色とはまさにこの７つの行政区を示しているのです。

今では２００人を超える若者が所属する市内最大の青年会虹色の会〝絆〟は、その活動も全国表彰を受けるほどに力強いものになりました。今回の虹色フェスタ in 東京・浅草の成功はまさにその力を示したものであり、他地区の模範となるでしょう。彼らの活躍は北上市の誇りであり、これからの市発展の原動力でもあります。さらなる活躍を心から期待したいと思います。

8・3　わくわく感を伝えるプロモーション

地方ゆえの魅力的なライフスタイルを自ら創造し発信することの必要性を述べてまいりましたが、具体的にどのように進めていったらいいのでしょうか。

北上市では2016年からシティプロモーションに戦略的に取り組んでまいりました。これは同年に開催された希望郷いわて国体の主会場が北上市になっていたために、そのプロモーションを展開しやすかったことと併せて、ライフスタイルデザインプロジェクトの取り組みやその成果を積極的に発信しようという目的で始めたもので

“うきうき”“わくわく”するまち　北上

“うきうき”

子どもから大人まで、それぞれのライフステージを楽しく過ごし、多くの市民の笑顔あふれるまち

“わくわく”

新しいことに挑戦する人や企業を応援し、「挑戦するなら北上」として市内外から認められるまち

まちづくりの将来像

した。

　実はシティプロモーションの取り組みは前述した「まち育て」の取り組みにも通ずるものであり、行政だけではなく市民や企業も一緒になって取り組むことによって市民の地域に対する誇りが醸成されるという大きな副産物が期待されたからです。

　希望郷いわて国体の際は天皇皇后両陛下をはじめ多くの皇族の皆様が当市を訪れ、市民の皆さんと交流してくださいました。また、選手役員団の歓迎のためにおもてなし広場を多くの市民参加で運営していただきました。まちなかの沿道も花で埋め尽くされました。これには訪れた選手役員、応援団の皆さんも感動の声を発していただき

まちづくりの将来像に向けて、社会環境の変化に対応し、市内全域において質の高い政策を実現するため、関連する政策分野の連携を図るとともに、新たな行政ニーズへ柔軟に対応出来るよう、4つの基本目標を定める。

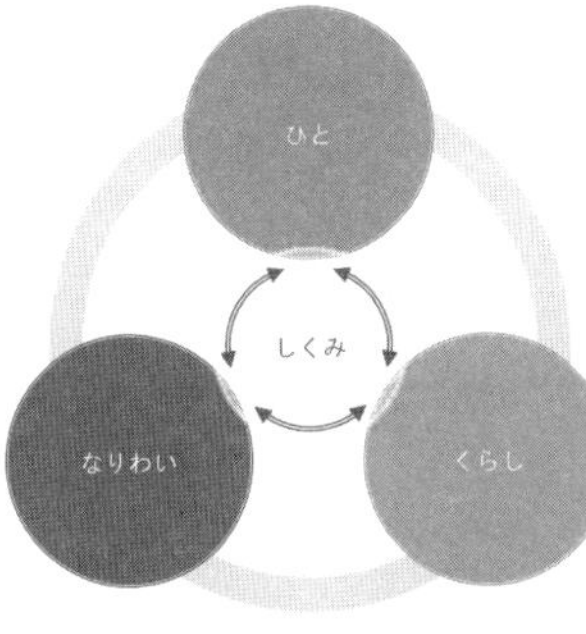

- **「ひと」**
  未来に輝く、未来を創る人づくり
- **「なりわい」**
  挑戦する心を原動力とした力強い地域経済の創出
- **「くらし」**
  生きる喜びと生涯安心のくらしをサポート
- **「しくみ」**
  だれもが主体的に参画する市民協働の深化、より良いまちづくりに挑戦し続ける行財政改革

基本目標

ました。まさにそのことが市民の誇りにつながったと確信しています。シティプロモーションの活動が、それに関わった人たちの誇りを醸成することを実感したのではないでしょうか。

2021年から始まった新しい総合計画のまちづくりの将来像は「〝うきうき〟〝わくわく〟するまち　北上」です。策定に関わった「きたかみ未来創造会議」の80名のメンバーのうち、半数の40名が高校生でした。彼らが将来の北上市に対してどのような期待をしているのかを感じる表現だと思います。〝うきうき〟は「それぞれのライフスタイルを楽しく」という思い、〝わくわく〟は「挑戦するなら北上」という思いを表したものです。現在の都市ブランドメッセージはあじさいマークの「Kita Coming 北上市」です。おもてなし精神に溢れた市民のアイデンティティを表している表現だと思っています。これからのシティプロモーションも高校生たちの期待に応えるよう、わくわく感を全国に発信してほしいと思っています。

8・4　まずスマートワークから

ここまで、私の提唱する持続可能な都市像として「あじさい都市」を紹介してまいりました。できるだけ非営利団体や自治体職員の皆さんが即実践に移せるように、また、どこからでもスタートできるように整理してきたつもりですが、いかがでしたでしょうか。

最後に一つだけ申し上げておきたいことがあります。それは、これまで申し上げてきた政策は、市民や企業が積極的に関わってくれたことで実行できたことであり、市職員自らが実践して地域住民にその姿を見せていなければ成し遂げられなかったものと思います。あなたのまちの職員はすでに多くの業務を抱えて、日々忙しく過ごしているのではありませんか。が、しかしそれではダメなのです。多くの自治体は迫り来る超人口減少時代に対応しようとしても、そのために職員を増やす余裕はないと言っても良いでしょう。それならどうするのか。北上市では2017年から「スマートワーク」に取り組んでいます。スマートワークとは日常の業務や自らの行動をしっかり振り返りながら、無理無駄をできるだけ取り去って業務をスリムにし、空いた時間を業務の質の向上や自分の時間を確保するなど有効活用する取り組みです。スマートには「賢く」とか「効率良く」などの意味があります。市では、市長以下、部課長まで、スマートワーク宣言を行い、日々行動しています。一方で行政マネジメントシステムが政策と業務を見守ってくれますので、安心して無理無駄をカットできるのです。そして、率先して自分らしいライフスタイルを創造し、発信することが、未来の地域づくりにつながるものと思います。

スマートワークはどんな組織に属していても、またどんな立場にあっても工夫次第で成し遂げられるものだと思います。是非、ご自身のライフスタイルをもう一度見直し、ライフワークバランスを整えた上で、新しいライフスタイルを創造し、発信してみませんか。それが地域資源を生かした魅力的なものであれば、きっと多くの皆さんが共感してくれるものと思います。

むすびに

本書では、私が市長として取り組んできた持続可能な都市像である、あじさい都市構想を中心に、構想が生まれた背景や私の経験を踏まえた取り組み方法など、これからの地方自治体のまちづくりや自治体職員の職務に少しでも役立つことができれば、という思いで書き綴ってまいりました。

最近、普通交付税不交付団体などの報道もあり、旧知の首長さんから、北上市は企業の立地が続いて羨ましいと言われています。このことについては、先人の努力が身を結んだものであり、感謝の気持ちでいっぱいであることは確かです。

その一方で、都市の発展はそれだけではないだろう、という思いも同時にあります。企業がどんどん進出し、人口が増え、地域経済が活性化、税収も安定し市民サービスも心配なく行える状態は確かに望ましいことではあります。

本書に、どうすれば地方に多くの企業が立地してくれるのか、そのノウハウを期待した読者も少なからずおられたものと思います。しかし、ここまでお読み下さった皆さんはすでにその答えを見つけられたと思いますが、日本全体が急激に人口減少する中で、今後も企業の立地が続き、若者が集まる状態がいつまでも続くとは限りません。だから企業集積や地域経済活性化の努力の一方で、人口減少社会に適応できる都市構造と自分たちの地域は自分たちがつくる、いわゆる地域への誇りを育てる「まち育て」の仕組みをしっかり整えなければならないのではないでしょうか。

だからこそ、今、持続可能な都市の「かたち」として「あじさい都市」に向けてチャレンジする価値は大いにあると思います。本書が少しでもそのお役に立てたなら幸いです。

むすびに、本書執筆にあたりご指導いただいた、元岩手県立大学教授・山田晴義先生、弘前大学特任教授・北原啓司先生、また、資料の提供や校正にご協力いただいた、北上市副市長・及川義明さん、特定非営利活動法人いわてNPO－NETサポート事務局長・菊池広人さんをはじめ職員の皆様に感謝申し上げます。

本当にありがとうございました。

２０２４年１月

一般社団法人都市創生研究所　代表理事　髙橋敏彦

主要参考文献

「北上市景観づくりワークショップ報告書」きたかみDESIGNネットワーク、2002年
「北上市景観づくりワークショップVol2報告書」きたかみDESIGNネットワーク、2003年
「北上市景観づくりワークショップVol3報告書」きたかみDESIGNネットワーク、2004年
「広瀬川せせらぎ緑道支援隊プロジェクト平成18年度報告書」NPO法人いわてNPO－NETサポート、2007年
「次世代都市きたかみ創造ワークショップ報告書」NPO法人いわてNPO－NETサポート、2005年
「次世代都市きたかみ創造ワークショップVol2報告書」NPO法人いわてNPO－NETサポート、2006年
海道清信『コンパクトシティ』学芸出版社、2001年
田村麗丘『風景と景観』公害対策技術同友会、1999年
北原啓司『まち育てのススメ』弘前大学出版会、2009年

鈴木　浩『日本版コンパクトシティ』学陽書房、２００７年
山田晴義編著『地域コミュニティの支援戦略』ぎょうせい、２００７年
Ｐ・Ｆ・ドラッカー／Ｇ・Ｊ・スターン編著『非営利組織の成果重視マネジメント』ダイヤモンド社、２０００年
加藤哲夫『市民のネットワーキング　市民の仕事術Ⅰ』メディアデザイン、２０１１年
加藤哲夫『市民のマネジメント　市民の仕事術Ⅱ』メディアデザイン、２０１１年
山田晴義『市民協働のまちづくり』本の森、２００２年
山田晴義『コミュニティの自立と経営』ぎょうせい、２００６年
『北上の歴史』北上市史刊行会、１９８７年
仙台ＮＰＯ研究会編『公務員のためのＮＰＯ読本』ぎょうせい、１９９９年
元北上市長高橋盛吉『あじさいの花の如く』ＩＢＣ岩手放送、２００２年
関満博『「地方創生」時代の中小都市の挑戦』新評論、２０１７年
『北上市東日本大震災支援活動記録誌』北上市、２０１４年

著者プロフィール

髙橋 敏彦（たかはし としひこ）

1955年、岩手県北上市生まれ。1980年、日本大学大学院理工学研究科博士前期課程修了、工学修士。2000年～2011年、株式会社髙橋設計代表取締役。1992年、社団法人北上青年会議所理事長。1994年、社団法人日本青年会議所東北地区岩手ブロック協議会会長。2000年～2009年、特定非営利活動法人いわてNPO-NETサポート代表理事。2011年～2023年、北上市長。2023年～現在、一般社団法人都市創生研究所代表理事。

あじさい都市のススメ

非営利組織と自治体職員のための超人口減少時代を克服する都市戦略

2024年３月15日　初版第１刷発行

著　者　髙橋 敏彦
発行者　瓜谷 綱延
発行所　株式会社文芸社
〒160-0022　東京都新宿区新宿1－10－1
電話　03-5369-3060（代表）
03-5369-2299（販売）

印刷所　株式会社フクイン

ISBN978-4-286-25133-2